BREAK

to be new and different

打開一本書

打破思考的框架，

打破想像的極限

高寶書版

閱讀的十個幸福

Comme un roman

丹尼爾・貝納（Daniel Pennac）◎著
里　維◎譯

Break書系 BK 007

閱讀的十個幸福

Comme un roman

作　　者：丹尼爾・貝納（Daniel Pennac）
譯　　者：里　維
審　　訂：梁家均
總 編 輯：林秀禎
編　　輯：郭盈秀
出 版 者：英屬維京群島商高寶國際有限公司台灣分公司
Global Group Holdings, Ltd.
地　　址：台北市內湖區洲子街88號3樓
網　　址：gobooks.com.tw
電　　話：(02) 27992788
E-mail：readers@gobooks.com.tw（讀者服務部）
pr@gobooks.com.tw（公關諮詢部）
電　　傳：出版部（02）27990909　　行銷部（02）27993088
郵政劃撥：19394552
戶　　名：英屬維京群島商高寶國際有限公司台灣分公司
發　　行：希代多媒體書版股份有限公司/Printed in Taiwan
初版日期：2001 年 3 月
二版日期：2009 年 6 月
Editions Gallimard, Paris, 1992
Published by arrangement with Editions Gallimard

國家圖書館出版品預行編目資料

閱讀的十個幸福 / 丹尼爾・貝納（Daniel Pennac）著. -- 二版. -- 臺北市 : 高寶國際出版 : 希代多媒體發行, 2009.6
面 ;　公分. -- (Break書系；BK007)
譯自：Comme un roman
ISBN 978-986-185-319-2（平裝）
1.閱讀　2.閱讀心理

019　　98009143

法國各大媒體好評

這本書是作者丹尼爾・貝納累積其二十年教學經驗，將所有學生在學校中可能會面對到的問題集合起來，作一番最有趣的精闢分析。他讓這本書真的就像是一本書。

——《文學雜誌》

在法文口語運用中，有三個動詞絕對禁止使用命令式：「喜愛」、「作夢」、「讀書」。

——《馬賽人日報》

面對一個跟你說他不愛看書的孩子，你只能用一個最好的方法：叫他坐在你的前面，舒舒服服地躺在椅子上，然後你拿起書本，大聲地唸給你的孩子聽！

——《文學月刊》

這本書的功能，就如同一把能將錮禁想像之門打開的萬能閱讀鑰匙。孩子先開始聽故事、再學會寫字、最後則是學會閱讀；但為什麼閱讀的樂趣比不上聽故事的樂趣呢？因為閱讀變成了一種義務的開始，而唯有讓義務解除，重新分享，才能重拾聽故事般的幸福。

——《星期日報》

過去丹尼爾・貝納是一位寫青少年偵探小說的能手，而如今他更上一層樓，藉著本書告訴所有人關於閱讀的樂趣。身為老師的他認為，只有孩童的世界是最真實的，每當他在上課鐘響起走進課堂時，他感覺到自己好像又將從一個虛假的世界，走進一個完全真實的世界。

——《ELLE 雜誌》

若想要孩子喜歡念書，貝納呼籲大人們，要先去除閱讀給予大家的神聖性、文化包袱，不要著重在文法、字句練習上，要還給它原本即有的娛樂性。

——《費加洛雜誌》

貝納接受訪問時說，這本書與其說是反省大眾閱讀態度的書，不如說是一本試圖想與書本重修舊好的獨白小說。當父母說到：「我的小孩不愛念書」時，其實他們關心的不是閱讀這件事，而是擔心孩子將來的社會地位。

——《文學雜誌》

翻開這本書時，請不要有必須看完它的壓力。作者丹尼爾・貝納不是教你怎麼讀書，而是準備要告訴你關於「讀書人的十大權利」。

——《觀察家雜誌》

〈媒體推薦文1〉

找回閱讀的幸福滿足——摘自法國《夜訊文摘》

在作者丹尼爾・貝納近二十年的教學生涯中，他遇過太多對閱讀產生恐懼的孩子。無數的焦心家長每天急忙地來找他，說他們的孩子就是不喜歡讀書，他們已經不知道如何是好。

父母親從來不知道，他們原本如此迫不及待地想到學校唸書的小孩子，經過兩、三年「完善充實」的教學薰陶後，今天竟然敬書本如鬼神般地遠離。

其實答案很簡單，因為閱讀是一種幸福的分享。可是在學校中，小孩子聽不到小時候父母親坐在床邊，溫柔地對他講述動人故事。書本開始變成了壓榨他們童年的作業製造機，而閱讀的幸福泉源將會慢慢地一點一滴被榨乾。

與孩子們重新分享閱讀的樂趣吧！作者丹尼爾・貝納誠心地呼籲所有教育工作者

們，同時也幫孩子們找回孩提時代聽故事的單純幸福！

在學年度開學的第一天上課時，老師們不要急著宣布這一學期要交哪些報告，該看完多少本書；為何不先對學生們唸一段史帝文森的作品、卡爾維諾的創作、一篇莎士比亞的詩集呢？

看看他們急著想聽故事結局的渴望表情吧！每個人張大了童稚的純真雙眼，在你故意賣關子的當口撒嬌般地大喊：「老師！快說嘛！後來怎麼樣了？」這種感覺不就是一種幸福嗎？

〈媒體推薦文2〉

讓書本單純得就像是一本書——摘自法國《費加羅報》

如果要讓人們重拾回閱讀的樂趣，首先就該打倒書本所被賦予的神聖地位。作者丹尼爾・貝納如是說。

當你的小孩子開始對書本產生距離感的時候，其實該負責任的是父母親。父母親常常會把孩子們原本自發性的閱讀興趣，跟學校制式化的填鴨教育搞混。孩子們喜歡讀書是因為書本中所帶給他們的樂趣，但是樂趣不能變得太苦，尤其是當它變成一種義務的時候。

舉例來說，當你的孩子做錯事的時候，父母通常最喜歡說：「今晚不准你看電視，馬上進到房間看書。」這時候書本竟然成了一種可怕的處罰工具。書本是何其無辜啊！

反之，當孩子做了一件值得嘉獎的事情時，那些莫名其妙的父母便又說：「今天可以先看兩個小時的電視，然後才進房間讀書。」天呀！真是有病，看書竟然成了一種服苦勞役罪犯的工作。

打倒書本那神聖不可侵犯的崇高地位吧！恢復它原本作為每個人在兒童時代最棒的心靈好友——書本只是純粹的消遣娛樂、或是單純的逃避幻想天地。讓書本單純地就像是一本書就行了。

〈媒體推薦文3〉

閱讀：人性的自我探索與發覺——摘自法國《人道報》

這絕對不是一本告訴學生如何反抗現行僵化教育體制的書籍，它只是想扮演在「閱讀」與「不閱讀」之間，一種協調折衷的媒介與橋樑。

本書作者丹尼爾‧貝納並且嚴重警告各位教育界的大老：嚴禁師長們將本書當成學生開學必讀的教材，成為每個莘莘學子背誦考試用的工具。

自發性的閱讀，是一種對內在人性的自我探索與發覺。當你每次看完盧梭的作品之後，你彷彿覺得自己又聰明了一些；當你唸完瓦樂希的一篇詩集後，覺得自己又多了那麼一點人文氣息。這種自我沉溺的全然超脫感覺：真好。

面對令人眼花撩亂、隨時推陳出新的浩瀚書海，這一代的小孩已經不知道如何去選擇一本真正的好書來讀了！這時候老師的責任，已經不再是開著條列式的參考書籍清單，命令學生們通通去把它們囫圇吞棗地看完，再將那些「圭臬真理」一字不漏地複製在考試卷上。

先引起孩子們的興趣吧！講一段文學軼事、偉人趣談，就當作是老師與學生之間的甜蜜分享。在下課鈴聲響起前，如果學生們迫不及待地問道：「老師，哪裡可以買到這個作家的書，它的故事聽起來好有趣！」那麼恭喜你，你成功了！

〈媒體推薦文4〉

法國掀起的貝納閱讀風潮——摘自《Lire讀書雜誌》

一九七三年，剛服完一年兵役的二十九歲年輕人，寫了本《當兵報國，報效什麼？》他就是後來傾注所有教學熱情的貝納先生。二十年從未停止寫作，尤其是非文學類的這本《閱讀的十個幸福》一出，不論是當老師、為人父或人子的都人手一本，創下熱銷十一萬七千本的紀錄，這位手持煙斗，總是帶著一只大皮袋受邀上電視、電台及學校演講的作家，很堅持一點：拒絕被塑造成暢銷書明星或什麼名嘴、思想家。他說，寫作和演講只能二選一。

何以貝納這本書能在法國掀起風潮？法國媒體分析，因為他的身分，身為作家，書寫過各類書籍（文學、童書、評論、偵探、小說等等），貝納不願被歸類成某一派作家，並希望「寫作」能恢復傳統小說的角色：敘述故事；還有，他的作品充滿幽默感、詩意，也是讀者很感激、很欣賞的一點。」

將近十年，讀者喜歡貝納的熱度不曾停止，除了他的作品持續得獎外，還有他致力於大眾閱讀的精神。就連巴黎近郊社區內，都成立了貝納讀書小組：「不喜歡閱讀的人，就請搬家！」這群父母受到貝納的感動，幾個月來帶動小孩讀書氣氛，藉由貝納的小說，大家一起討論、一起享受這種讀書的幸福與感動。

〈推薦序1〉

解構書寫文字——重新建構閱讀的延異與滿足

江彬彬

古希臘先哲亞里斯多德曾說過：「語言是心理經驗的象徵，而文字則是語言的象徵。」

的確，在孩童還不懂閱讀文字的時候，他全然醉心於父母說故事給他聽時的「感性語言」感動；因為來自父母口中所吐出的每一個字句，都是代表著故事書中每位角色和人物活潑心理經驗的具體象徵，充滿著無邊的想像空間。

但是長大後，代表著「理性語言」的書寫文字，卻活生生地將孩子與「直接心理經驗感動」區隔開來；攤開在他面前的，只是一堆密密麻麻的無意義、沒有任何感情的書寫文字。與文字接觸時，他們的心理活動全然停止，只剩下腦部的不斷記憶與複誦、各種經典與歷代先哲的汗牛充棟。

當代法國解構主義大師賈克・德布達（Jacques Derrida）在其作品《散布》（1972，La Dissémination）一書中，曾闡述了一個非常重要的觀念：在書寫文字中，所有語音上的意義，都已在抽象形上學中被凝結，無法擴散、分布、延異（différer）；為了能讓文字再生、成功地活潑轉化、重新建構新的生命，就必須擺脫僵化、專斷式的「理性中心主義」（Logocentrisme）。

為何書本中的文字，會讓孩子卻步呢？因為師長們的「理性中心主義」為書本強加了許多「病態延異」（Différance morbide）：要小孩子死硬地默背、一字不漏地在考試卷上，謄寫出書中的重要字句、罰抄寫一百遍、論述與比較歷朝歷代徵兵與田賦制上的差異……

找回父母與孩子的閱讀關係

在這本《閱讀的十個幸福》一書中，作者丹尼爾・貝納說得有道理，閱讀是一種單純的私密行為，介於讀者與作者間心照不宣的滿足與分享。一個快樂的讀者，就應該像一個安適地躺在母親子宮內的未出世小嬰兒一樣，而這位母親的子宮，就如同是一位溫柔慈愛的體貼作者，免費提供肚內嬰孩豐富的養分，嬰孩則滿足地從母親的臍帶養分中成長茁壯。在這個階段，就是這本書所提到的說書人／聽眾與父母／小孩的完美時期。

長大後，小孩被迫脫離母親溫暖子宮的懷抱，他從此再也找不到那條免費供應的「知識養分」臍帶，沒有人替他說書、講故事，只有在學校中宛如填鴨式的教育，讓他對書本產生了文字恐懼症，逼使他不得不住進醫院：醫院中的人工點滴導流管，取代了那條自然供應的「知識養分」臍帶。

身為一位教育工作者，看到許多小孩子從童年開始，便被這些「人工知識填鴨餵養方式」所揠苗助長，為了應付一連串的可怕升學考試，長大後淪落到被「殺鵝取肝」的麻木不仁；對於閱讀的樂趣，早已在年少初懂事後，全然消失殆盡，心裡總覺得有幾分無奈！

教育孩子是長遠大計，絕不可以有一蹴可幾的想法，更不可以急功近利，要把目標放在孩子的未來。而知識是學習的工具，因此能否有智慧，在於學習者本身的接受度和領悟力，這樣的智慧才是人類真正的潛能，才是值得我們去開發的。因此所謂的全腦開發，即是要鼓勵孩子學會用「手」閱讀生活中的點滴，用「心」去體會學習的成就，並用「身體語言」感受與同儕的溝通、互動。

在 Carolyn Olivier & Rosemary F. Bowler 所發表的《學習去學習》（Learning to Learn）這本書中曾提過：「人從一出生就開始學習，且大部分的嬰幼兒都是屬於視覺性學習者；當他幾個月大時，看到身邊的親人及週遭的事物時，他就開始在進行『閱讀』世界的樂趣了。嬰幼兒世界由圖像來閱讀，慢慢長大認識文字後，才以讀、唸及識圖方式來看書。因此在孩子還小時，讓孩子看書，可以培養孩子豐富的想像力及敏銳的觀察力，讓孩子體會世界之奇妙，感受萬物的生生不息。」

因此，如何培養孩子喜歡讀書，就是目前資訊流通如此快速的社會中最重要的課題。歐美國家在早期就有所謂的睡前故事時間，並常在社區舉辦說故事比賽，或由社區父母輪流說故事給孩子們聽。台灣在近幾年來，也開始重視兒童教育，有少許的父母會給孩子買很多的童話故事，擺放在床頭櫃。但卻常有父母向我抱怨，不知道如何讓自己的孩子喜歡看書，甚至主動拿書來閱讀；他們卻不知，要讓孩子喜歡閱讀，其實是一件很簡單的事。

首先，家人應常常唸書給孩子聽，一起和孩子探討書中的樂趣，而不是將看書當作一種懲罰工具；要脅他如果再不聽話，就不能看電視，必須回房看書。這是多愚蠢的行為啊！要做成功的父母，就要多鼓勵孩子，每天花少許的時間說一個小故事給他們聽，並多給予正面的評價及肯定，孩子自然而然就會喜歡讀書了，不是嗎？

兼具「聽」與「讀」的樂趣

在國內的翻譯市場一片欣欣向榮之際，乍見到這本以文學論述方式，來表現教育心理學的書籍，實在是讓人不得不佩服高寶出版集團多元化耕耘法國文學園地的用心——國內終於有一本談到以文學為經緯，教育為主軸的優質翻譯書出現。

這本書的法文原書名本來叫做《像一本小說》（Comme un roman）。我發現這其實是一本相當難翻譯的法文著作，法文原文的修辭極為豐富玄奧，讓我不得不佩服譯者的功力，將翻譯問題上最困難的「形式與內容」再詮釋的瓶頸，以及雙語互譯之「語言轉化」的不可跨越性，援用「新瓶裝陳酒」的方式，務使原作者之命意豁然開朗地

「再現」。

中國研究「莎學」的大師方平，曾對外文翻譯這門學問，做了以下如此一針見血的解釋：「『視覺型』讀者所看到的譯文，只是一種文字和文字之間打交道的無聲作業；『聽覺型』讀者所看到的譯文，則能讓他進入角色和情境之中、聯想翩翩，『伴音』與『伴像』隨之而來。（上文節錄自二〇〇一年一月三日〈中國時報〉人間副刊，方平談《莎士比亞全集》——譯莎得失談）」

讀完這本《閱讀的十個幸福》，便能充分讓讀者享受到此種「伴音」與「伴像」的樂趣，且十分契合這本書所要傳達的「讀」書和「聽」書樂趣，不是嗎？

作者丹尼爾・貝納是法國一名非常優秀的教育工作者和作家，早期以創作給青少年讀者所看的偵探小說為主。後來經過在遊歷中南美洲巴西的一趟旅程過後，開始對生命產生許多反省，決定不再寫一些只為了贏得法國各大文學獎項的「媚俗」作品，他決定寫一本關於以閱讀為主題的書籍。這本《閱讀的十個幸福》於焉誕生。從這一點，我們也可以看到那種屬於法國文化人的良心表現。

他在書中所表達的許多教學觀念，深獲各界人士的贊同。如果你們曾到過歐洲旅遊的話，應該會十分驚訝於歐洲人隨手一書、隨處閱讀的好習慣。就像是作者在本書第四部內提到的「閱讀十大權利」中的第七項一樣──我們有權在任何場所閱讀。而什麼時候，國內也可以養成這樣興盛的讀書風氣呢？何時人們不再抱怨根本沒有時間看書呢？

閱讀的形式是自由的，閱讀的滿足是幸福的，希望各位讀者在看完這本書後，可以重新找回專屬於你們的閱讀樂趣！

〈推薦者簡介〉

江彬彬

學歷：國立台灣大學歷史系
國立法國漢娜大學教育學研究所

經歷：曾任台北市芝山國小教師
群元國際教育集團3C＋3Q兒童潛能開發教學系統主任、專任講師

現任：國語日報兒童全腦開發課程執行顧問

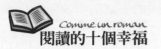

〈推薦序2〉

閱讀吧！為了活著！

彭雙俊

雖然大家都知道讀書很重要，但是閱讀習慣的養成常常被忽略，因此造成許多人離開學校後，就不再碰書了。這個現象不只在法國，在台灣也是個事實，因為填鴨式的教育，讓讀書成為心理與生理上的雙重負擔。

丹尼爾・貝納所著的《閱讀的十個幸福》試圖為讀者重新找回閱讀的本質與樂趣。作者認為，小時候大家都愛聽故事，為何從「聽」故事到「讀」故事的過程中出了問題，讓閱讀成了一件沒有樂趣的難事呢？

丹尼爾・貝納描述的那幅睡覺前為孩子說故事的景象，使父母、孩子與短篇故事成了親密的金三角關係，這是多麼令人嚮往；然而，到了小學以後，只剩小孩獨自面對神聖的課本，一頁可以讀上好幾個小時……問題到底出在哪兒？

作者表示，對閱讀的恐懼始於學習文字，一撇一橫又一勾，非常抽象，難以理解（關於這點，我們可以提供中文的例子，就拿一年級小學生來說吧，一開始就得注意筆順、筆畫數、大小對稱、注音聲調、部首、破音字、讀經、查字典等），這些是來自學校方面。教學機構成了帶有目標及壓迫閱讀的場所。而從家庭及社會方面給予小朋友的壓力是，自小就被告知書本是神聖的，不能踩、不能坐，讀書是為了將來的前途、為救國、為了人類幸福。

明顯地，閱讀被附上許多不同的價值觀，作者的這些論點我們都有類似的經驗。為了重拾讀書的樂趣，丹尼爾・貝納提出了具體的十項建議，試圖重新尋回閱讀的根本意義。只是，它們太著重技巧層面，而沒有觸及問題的核心。

本質上來看，「聽」和「讀」是不能相提並論的，因為聽故事是（相對的）被動行為；而讀書是（相對的）主動行為。聽者只要輕鬆地坐著不動，就能聽完故事；但讀者必須聚精會神地盯著文字，一行一行地讀，才能看完故事。正由於是（相對的）主動，所以往往得要有一定的動機，才能有效地維持閱讀的行為。

閱讀動機會因個人環境與際遇而有不同的內容，例如是為了淨化心靈、為修養或是為前途、為國家、為人類等等，無論聽起來是切中真實抑或冠冕堂皇，終究是要讓孩童坐下來，靜下心來展書閱讀。當作者略帶諷刺地提到父母親不再為小孩子說故事時，或說故事千篇一律時，反而是凸顯一件事實：就算對大人來講，讀個淺顯的故事書（再轉述給小孩聽）也是一件麻煩的事，因為他們必須放下其他事務，坐下來讀他們根本不相信、或不感興趣的童話故事。

另有一點必須指出，作者所探討的閱讀問題是選擇性的，他將焦點集中在讀故事書，即文學作品。其實這些書從優美文學和消遣文學來觀察，就有很大的差別：三天內能翻完五冊武俠小說的人比比皆是，但有更多人花一年的時間也讀不完《卡拉瑪助夫兄弟們》，就算用作者的閱讀技巧，也很難有什麼幫助。

其實，閱讀還包括專業書籍、報章雜誌等非文學類的作品，作者沒有論及這方面的閱讀情形；然而，真正難於閱讀的那些正式專業書籍，而學生在學校主要也是接受訓練閱讀學術文章，而不是文學作品。因為讀專業文章的樂趣實在太少了，通常要靠定期考試壓力、美好的前途希望來鼓舞閱讀才行。

但是，閱讀文學作品可能是藝術欣賞或為了消磨時間，無論如何都是一種——請允許我這麼說——奢侈的享受，只要有時間、有興趣，就能成為「幸福」的讀者。但反過來看，如果閱讀文學作品是一種興趣或消遣，那麼日常生活裡他的競爭對手，就不是只有電影和電視，例如高爾夫球、園藝、下棋、卡拉ＯＫ……都是不錯的選擇。

因此，要享受閱讀的十大幸福前，恐怕要先談談動機，以及閱讀的書類。狹義地看閱讀：若要將閱讀文學作品作為習慣，而且是閱讀優美文學（即有代表性的經典文學），那麼恐怕得靠社會風氣了——製造一個書香社會（例如某些國家——依筆者個人印象，如俄國、法國、德國、猶太人社會都有不錯的文學素養），經常談論文學主題，形成強迫式的流行，可能可以帶動一些氣氛。

也許丹尼爾・貝納這本《閱讀的十個幸福》是考量法國社會的閱讀問題所寫的，讓本來閱讀文學風氣不錯的社會能在技術上更為提升，好讓讀者能夠容易接近他們所驕傲的法國作家和作品。

然而閱讀文學的問題在台灣不（只）是技巧的問題，還有對文學的偏見與冷淡，因為在台灣這個過度講究功利與偏重科技發展的社會裡，閱讀文學成了多餘的事。不過，它的影響慢慢浮現，台灣欠缺人文素養的問題，已經漸漸地被意識到了。

〈推薦者簡介〉

彭雙俊

學歷：德國波鴻魯爾大學德國語文博士

看我的書、讀我的心

──寫給台灣讀者的一段話　作者丹尼爾・貝納親筆序

我所寫的這本薄薄的書，是為了獻給那些消沉的學生們；因為他們覺得自己已經不愛讀書，而且學校這個原本讓人受教育的地方，也已經拋棄他們而去。

在這些孩子之中，有一些是我自己曾教過的學生。但我相信我已經說服了他們一點：書本不會咬人，書本是我們最親近的朋友，書本不是神聖不可侵犯的東西。

而且只有當我們不再害怕接觸書本的時候，書本所帶給人們的幸福，大家才會真正體會到。

Préface pour l´ édition Taiwanaise de 《Comme Un Roman》

—*Daniel Pennac*

J´ai écrit ce petit livre pour répondre à la détresse de tous les élèves qui croient ne pas aimer lire et se sentent exclus du système scolaire.

Beaucoup d´entre eux furent mes propres élèves. Je crois les avoir convaincu que les livres ne mordent pas´qu´ils sont nos amis proches mais qu´ils ne sont pas des objets sacrés, et que tout le bonheur qu´ils nous apportent ne nous est accessible que si nous cessons d´avoir peur d´eux..

第三部　書與人的距離

·目錄· Contents ·

第一部

知識的誕生

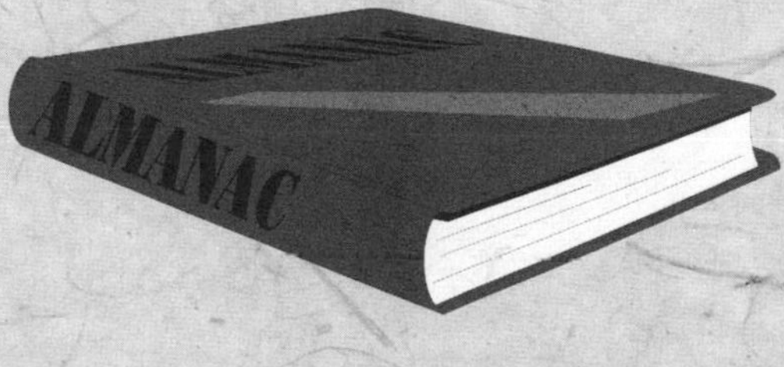

還給孩子「聽」書的樂趣

還記得小時候，總是拚命拉著父母親在床頭講故事，每一次你都「聽」得津津有味。可是，長大後，當書本攤在你面前，卻「看」得索然無味。

想逃離書本的孩子

話說「愛一個人」很容易，「作一場夢」很隨興，但是「閱讀」這件事，卻是無法讓人用強迫手段來「臨幸」。當然，人們仍然可以試著說：「來！來愛我吧！」或「晚上作場好夢吧！」可是，如果有人命令你：「去讀書吧！」這句話聽起來是多麼掃興呀！

「上樓到房間裡讀書去！」父母命令孩子。

結果呢？

可想而知，這孩子什麼也沒看。

他兀自攤開這本內容源於十九世紀的書，迷迷糊糊地睡著了。瞬間，心底另一道渴望的窗，卻漫無邊際地開啟，吸引他飛出書中的世界。這時的他多想逃離書本啊！

然而，即使父母想突擊打開他的房門，而刻意躡手躡腳上樓，正在發呆作夢、淺睡中的孩子，仍會聽到有人悄悄逼近，懂得保持警覺：假裝乖乖看書的樣子。

「怎麼樣！喜歡這本書嗎？」父母親關心地問。

小孩怎敢回答：「不！」書籍的形象如此神聖，有誰敢說不喜歡閱讀呢？因此，他也只能隨口回答：「書裡的文字描述太多、太累贅了。」來打發。

聽了孩子的回答後，父母似乎鬆了口氣，下樓繼續看電視。然而，孩子隨口說出的書本觀感，卻開啟父母間接下來的嚴肅話題。

「……居然會覺得書裡的描述太囉唆？仔細想想，現在都已經是影音當道的時代，誰還看得下這麼多文字？當然，身處在十九世紀的文學家，是必須使用鉅細靡遺的文字手法來描述的……」父親以專業評論人的口吻分析著。

「也不能因為這樣，就讓他跳過大半本書都不讀吧！」母親反駁。

別白費力氣爭論了！樓上的孩子已經趴在書堆中沉沉入睡。

現代人普遍輕視閱讀

討厭閱讀的心態確實讓人難以理解。但身處在資訊氾濫年代的大環境裡，卻有認為看書是在浪費時間的家庭，當父母自己都不唸書、也不鼓勵孩子閱讀，這樣的心態與觀念，更令人匪夷所思。於是，便上演了以下的情況：

「不要讀了！有那麼好看嗎？再看，你的眼睛就快要瞎掉！」

「天氣那麼好，不要躲在家裡看書，再看就變書呆子了，到外頭去玩吧！」

「關燈睡覺了！小孩子需要充足的睡眠才行，夜已深了！」

沒錯，天氣總是太好，所以不該讀書；夜晚總是太暗，看書會傷眼睛。

其實該不該讀書，每個人心中早有認定。即使是一些長大成人後不再擁有的習慣，在青少年時期，卻可能是種學習叛逆的過程。好比對家庭和父母反叛後所產生的快感，再加上找到一本有趣小說閱讀，那是加倍的樂趣！還有躲在被窩裡，藉著微弱燈光看書的片片段段美妙時光！

如同在深夜裡，想像著安娜卡列妮娜快馬加鞭地奔向她的丈夫洛斯基，這對相愛的戀人是多麼令人感動！[1] 書中描述他們相愛的種種，比起父母下達的閱讀禁令、明天得交出的數學作業、放著借了三個月的《法文準則》不還、不整理房間、不想吃飯更別說甜點、不想踢心愛的足球、不到森林採香菇等從事原本最喜愛的活動……因為他們倆之間的愛更刺激、更令人感動……天可明鑑，如此完美的愛情！

哎呀！小說為什麼那麼快就結束！

父母是孩子的最佳說書人

老實說，父母並沒有在孩子牙牙學語、不識字的階段，強迫孩子把閱讀當成要命的作業。父母會以孩子的興趣為第一優先考慮。小孩剛出生的前幾年，父母親便成為說故事給孩子聽的人。在孩子仍牙牙學語時，他們已經講了許多的故事給他們聽了。

其實說故事給別人聽，是人們從來不曾發覺的天生本能。大人們為了讓孩子開心，靈感湧現，因此是小孩表現出的幸福感和滿足感的純真笑容，影響了大人。為了取悅小朋友，父母親自動將故事中的角色多元化，在情節上加入一些自編自導的插曲，在故事高潮轉折上大作文章……大人們幫助小朋友創造了一個虛構的世界。在日與夜的交替邊緣，**大人是念故事給孩子聽的說書人**。

即使父母沒有編造故事的能力，只是單純地敘述別人的故事；或者更糟的是，用自己奇怪的辭彙、隨便刪添一些名詞、混亂章節的次序、將故事頭尾顛倒陳述；但這些都無所謂了……就算父母不懂加油添醋，只會大聲念出故事書的內容，都已經成為孩子專屬的小說家、說書人，仍然使孩子著迷地在每一晚急忙地套上睡衣、蓋上被子，想在美夢來與他們擁抱前，聽父母說上一段故事。**對孩子而言，父母儼然就像是一本好書，幫助他幸福地睡得香甜**。

這些難能可貴的親密時光，不知父母們是否都還記得？

或是偶爾說點鬼故事來嚇嚇孩子，不但能在事後享受安撫他們的樂趣，更讓人想起他們受驚嚇而抱怨的神情。嘴上說不害怕，但一點點惡作劇卻把孩子都嚇得渾身發抖。總之，孩子可真是好聽眾。我們是那樣的天衣無縫，搭配演出一齣多麼可愛溫馨的惡作劇呀！而書本跟我們又是多棒的搭檔呀！

透過聽故事，挖掘人生與求知慾

簡而言之，在小孩還不懂閱讀的時候，我們已經教導他書中全部的知識。我們為他啟發想像事物的無限可能，天馬行空的神遊樂趣，讓他們能在閱讀的滿滿孤寂中，奇妙自在地任意遨遊。

我們為孩子讀的故事中，文字裡有著許許多多的兄弟、姊妹、父母、偶像、守護天使，以及一群群與他們分憂解勞、同甘共苦的朋友們。然而，這群心靈好友所形成的世界，如果缺少了孩子，也是無法成立的；因為，**故事所需要的，正是相輔相成的讀者**。

因此，孩子和故事中的人物，成為了彼此的守護天使。沒有小孩的傾聽，這些人物就失去了存在的意義。相對的，少了他們，小孩的生命就只能踽踽獨行。**藉由聽故事，孩子領悟到其中的價值和意義，進而挖掘到自我人生的啟迪。

經歷一段故事後，孩子總會沉靜地若有所思；等到清晨來臨，又繼續過著他們的生活，一如往常，彷彿沒發生過任何事。

事實上，我們也不會去追究孩子昨晚聽完故事後，是否有得到任何斬獲。因為聽故事會潛移默化地創造神祕力量，形成所謂的「孩子內心世界」。無論是他們和白雪公主，或跟七個小矮人其中之一的私人關係，甚至是他們之間私下協議的小祕密；這種至高無上的樂趣，在閱讀之後，便成為個人偷偷私藏的心情！

沒錯，是父母把讀書的樂趣傳授給孩子，開啟他們對閱讀的熱情。重點是，父母們或許還記憶猶新，這股熱情竟讓孩子在還不會看書之際，就已急切地想學會識字念書！當父母還不必為子女的教育煩惱時，這一份心意早已「無心插柳柳成蔭」開發過孩子的求知慾！

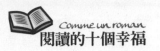

看不下去的厚重磚頭書

如今你看看，這個長大後的孩子獨自關在房裡，攤開書本後卻一個字也看不下去。滿腦子天馬行空的怪念頭，弄得他眼前書中的字裡行間一片模糊。

他面對窗口坐著，背對關上的房門，兩眼發直看著第四十八頁，這一頁已經花了他一個小時。他壓根兒不敢計算讀到這一頁所花費的冗長時間。天啊！竟然還有近四百頁沒讀。這本書總共四百四十六頁，將近五百頁。天哪！五百頁耶！

這些字裡行間，充斥著密密麻麻的線條，許多字句層層疊疊，唯獨那些簡單的對白有如及時雨，逗點則好比一座沙漠中的綠洲，指引著書中某個角色與其他角色之間的攀談，但其他角色卻問而不答。接著而來的是十二頁的字塊，十二頁的黑墨字跡！令人差點喘不過氣來，差點兒在那兒斷了氣，搞得天昏地暗！

終於翻到了第四十八頁！先假設他至少記得前四十七頁的內容吧！這點他連想都不敢想——但是，大人肯定會問他這個問題。

冬夜已來臨，屋裡響起了電視新聞預告的片頭音樂，現在距離晚餐時間還有半小時，要翻完這本「磚頭」書，時間真的非常緊湊。想消化書中內容也很不容易，更別說能真正深入字句中仔細研讀，只因缺乏「鬆一口氣」的時間，來幫助消化那麼一大堆的知識。

所以，就算他花了再多的心思，其實都只是隔靴搔癢。這本書對他來說，實在是本份量夠厚、內容夠紮實、思想夠緊密、夠令人受挫的書了！唉！老實說，讀完四十八頁和看完四百八十頁又有何不同呢？暫且先隨興地再作一場夢吧！

註釋：

1 此段情節取自《安娜卡列妮娜》，俄國大作家托爾斯泰所著，是一本知名的俄國文學作品。

父母也要懂得自我充實

學校老師在下課前，總會例行公事般地交代家庭作業。孩子回想起老師冷酷的雙唇，木然冷血地念著回家要K的書名，也聽見同學悲鳴般地猶作困獸之鬥，問著千篇一律的問題：

「要讀多少頁呢？」

「至少三百到四百頁……」

「什麼時候要念完？」

命中注定的日期宣布之後，引來了學生們一陣抗議聲浪。

「什麼？十五天！十五天要念四百到五百頁！老師，殺了我們吧！我們沒辦法做到啦！拜託！」

老師才不接受學生的討價還價。

閱讀使孩子感到挫折

在孩子的這個年紀，書本就像是令人受挫的東西，如同一種如影隨形的可怕怪物。對學生們而言，書等於形體化的煩惱，他們除了只會以書、這本書、那些書直呼外，實在沒什麼好說的，儘管老師會以紅筆更正，冠以小說、論述、新聞集錦、詩集……等大名。然而，就「書」本身的字義而言，本來就無法解釋得完全精確；畢竟電話簿也是本書，旅遊指南也是，字典也是。

再怎麼辯駁也沒用，書畢竟還是書。「福樓拜[1]在他的《包法利夫人》這本書中說過……」以書目前孤獨的情勢來看，不管冠上什麼美名也是一樣的。況且，現在書本重得像一本百科全書，加上硬紙板的厚重，難怪愈來愈沒人關照，以前甚至還有人拿來墊在孩童屁股下面，讓他能在全家餐桌旁坐得高一點，方便一起吃飯。

看電視的時間多於閱讀

書的重量讓人的心愈來愈感到沉重。唉！孩子剛剛才輕盈地坐在椅子上，如釋重負般的輕盈；但幾頁讀下來，孩子心裡慢慢被這令人痛苦且熟悉的沉重感所侵占——書的重量、讀不完的煩惱、因無力感所產生讓人無法承受的心頭負荷。

看著看著，眼皮沉重地發出如鐵達尼號沉船般的緊急訊號……第四十八頁的觸礁讓他逐漸下沉，下層船艙已經浸水了，他必須想辦法在其他段落找出一條生路，可是救生艇又不夠用……

書依舊攤開在眼前。就在此時，在樓下看電視的父母，開始對電視節目的品質展開激辯：「這些節目的品質低落，充滿蠢事、粗話、暴力節目……我們以前所不曾聽過的，如今在電視節目中卻無所不在……」

「講到那些日本卡通的暴力和色情，我就生氣，你看過嗎？」

「這不僅是電視節目的問題，同時也是電視本身的問題……電視讓人變得被動……因為一坐下來，就可以看到電視。」

「沒錯，坐下來，打開電視……」

「然後一直轉台……」

「轉都轉上癮了……」

「至少不用看廣告啊！」

「就算想躲廣告，電視還是會把廣告時段排在一起，因此你轉來轉去，看到的還是廣告……」

「有時候還是同樣一支廣告呢！」

說到這裡，一陣緘默：父母自己發現了問題所在，似乎也不好意思再多說了。

此時，溫柔的聲調卻突然響起：

「讀書呢，當然，可就不是這麼回事。閱讀是一種主動，純粹一種『讀的動作』，確實如此……」

「仔細想一想，電視或電影內容雖然很多……卻不需要用到大腦。導演藉著影像、聲音、布景、配樂等，把觀眾能咀嚼的全部放在影片裡，就怕人們無法理解導演的意思……」

「例如大門嘎嘎作響時，就是觀眾該害怕的時候……」

「在閱讀時，卻必須發揮全部的『想像力』，因為閱讀是一種永恆創造的行為。」說到了永恆創造，又開始一片緘默。

接著討論聲又響起：

「根據統計指出，平均一個小孩花在電視機前的時間，比起在學校上法文課的時間多出了許多。」父親侃侃而談。

「一個小孩（我不是講我們的孩子）一天當中竟然有兩個小時花在電視機前，到了週末則更離譜，多到八至十個小時。因此，每個星期竟然只有花五個小時在看書。」母親激動地回答。

總之，父母可以講出很多的事實，指出小孩和書之間的距離愈來愈大。

「當然，學校才不會管你這麼多。」

此時再度陷入一片緘默。似乎無法再以任何談話來打破。

父母與孩子的時代差距

說到孩子和書本之間造成的距離，電視可不是唯一的問題。隨著時代的改變，閱讀也有不同的面貌。

「所以說，情感上我們比較親近孩子的年代，想法上卻仍貼近父執輩的思想。」母親嘆了一口氣說。

「這就是『社會現象』。這種社會現象解釋了為什麼我們孩子，以及孩子的孩子會對書本有不一樣的反應。」父親不罷休地繼續之前的話題。

「想到過去當我們在青少年時期，每個人都穿一致的服飾、買相同的食物、沉浸於共同的文化、吃著同樣的套餐、同樣的進食時間、全家共用一張餐桌、同樣一起在星期天散步、每戶人家裡看的也是同一個頻道，而且說實在也只有一個（其實，這比現在眾多頻道都還精緻）。」

「至於我們的祖父母那一代，他們甚至還禁止女孩子念書。」母親心中充滿不平地說道。

「對呀！還特別禁止我們看羅曼史小說——擾亂青少年理性的浪漫文體。這些書不但破壞了孩子未來的婚姻幸福，而且……」父親附和道。

「而今日年輕人可說是消費社會下的產物。充斥速食文化、西方牛仔褲形象的社會主導了他們的穿著品味、飲食習慣及休閒娛樂。我們以前是去搞學生街頭運動，爭取社會正義的，他們現在則喜歡搞放浪下流的『電子搖頭派對舞會』；我們讀羅蘭．巴特[2]的書，他們則喜歡看性、謊言、錄影帶；我們喜歡高談闊論關於披頭四（Beatles）[3]的一切傳聞，他們則喜歡將自己掩耳埋在隨身聽熱門音樂震耳欲聾的世界裡。唉！世風日下，現在只要一出門，便看到一些前所未見的光怪陸離事情，有些區域甚至已經全部都被鎮日無所事事的年輕人霸佔，而郊區那些遊手好閒的古惑仔更是讓人感到前所未有的恐懼。」

啊，說到了巴黎的波布區……

充滿著野性，有種令人蠢蠢欲動的瘋狂，令人連想到離家出走、嗑藥、暴力的波布區，就位於貫穿巴黎心臟的捷運B線上，也是磊亞勒舊市集的中心。

「一群群不愛讀書的孩子，卻喜歡留連在巴黎最大的圖書館旁街區！」

又是一片沉寂。

父母親每天所抱怨的那一套，孩子幾乎都會背了。如果不是來自於電視的麻痺心靈，或是各方面的消費社會弊病，便是電子媒體入侵的毒害。或者可以把所有的錯推給學校，例如那些不合時宜的老舊教學課程、師資方面的乏善可陳、學習環境的破舊硬體設備、圖書資源的不足等。

對了！還有法國文化部的教育經費不足。在那少得可憐的資助中，保留給添購「書籍」的部分微乎其微，連塞「眼縫」都嫌不夠。這樣的克難條件，你又如何能叫我們年輕的孩子養成良好的閱讀習慣？難怪法國閱讀的人口愈來愈少。

幸好博學多聞的敬愛雙親們，並不會為這個速食時代所騙。全世界處於他們所說的混亂狀況，但是整個世界在沉默中顯得更加清澈。他們的腦子仍然清晰，他們對條理清楚的高貴閱讀思維有一股熱情。

在午夜的寂靜中，他們沉醉於萬籟俱寂中的思考；剛自晚宴歸來，熄了車燈的書香夫妻，坐在車內沉醉在這樣的寂靜中。這有如烹飪後的餘味，麻醉藥醒之前的感覺

——意識緩慢地回復、自我逐漸清醒，以及一種無法自我重新辨識時所產生的模糊痛楚。其實，每個人都有過這種意識清明、豁然開朗的感覺。人重新回到自我，回到原點，甚至又回復到精神思考的另類昇華層次。

讀故事：拉近父母與孩子的距離

剛剛父母在桌邊所談的事，與心裡所想的差距，二者之間有如天壤之別。雖然談及閱讀的需求，但心知肚明，待在房間上頭的孩子，是不會認真看書的。仔細考慮許多造成他不愛看書的外在因素，而父母也試著去跨越阻隔他和父母之間的書牆，那道難以打破的代溝和距離。

直到用餐前最後一刻，孩子才什麼也不收拾地下樓來吃飯，一句話也不吭聲地坐下來，絲毫不為他那青春期的任何無禮態度而道歉，也絲毫不想加入家庭聚餐時的親密交談。最後，還沒等到吃飯後甜點，便起身說：

「對不起！我該去念書了！」

悵然若失的父母，一想到過去每個夜晚，在孩子床頭前所舉行的閱讀朗誦儀式。尤其當時他還小，在固定的時間和亙古不變的祈禱動作中，輕輕地念著書中故事，伴他進入夢鄉之中。在整天的喧鬧嘎然停止後，能體會失而復得平靜的主因是，那段在短篇故事開頭幾句的沉默時刻，他們的聲音須忠於故事最初首部曲式的經典原味。

是的，每晚讀故事的過程，足以取代晚禱在人類活動中令人感到無聊、沒有創意的部分，添加了幾分優美的感覺：這是衛道人士的歉意。**說故事並不為任何的罪惡而告解，也不在尋求什麼永恆，只為了達到與孩子們的水乳交融，讓彼此沉浸在故事中，找回唯一值得我們眷戀的天堂之路——拉近人與人之間的天堂。**當然，我們將會從故事，或更廣闊地說一般藝術，發現它最重要的功能，就是停止人類所有的無謂紛爭。「愛」也因此而重獲新生，不花你一分一毫錢。

由父母培養孩子的閱讀興趣

不花一分一毫，也就是父母能給孩子的禮物。在這忙碌一天之中的唯一時刻，睡前的故事可以幫他減輕整天的煩累。有人幫他張帆啟航，讓他乘著風，徜徉在無限輕盈的書海感受中。這陣風，就是父母說故事的聲音所幻化成的溫煦微風。

關於這趟書海之旅的費用，父母對他一無所求，不求分文，甚至連一點微薄的回饋都不用。

可是孩子如今長大了，為何會如此無趣地看著書本呢？正當父母一邊了解原因（也就是說尋求事實），一邊怪罪本世紀的速食消費社會和電視這個文明壓迫產物時，我們竟然忘了關電視？難道這一切都是電視的錯？

是二十世紀太過於「感官」？還是十九世紀太寫實？為何不乾脆也說十八世紀太理性，十七世紀太古典，十六世紀太文藝復興，普希金[4]太俄國化呢？

以前每當父母在孩子床頭講故事給他聽的時候，我們提到小紅帽的紅衣、籃子裡的食物，還有在森林深處，老奶奶那長得奇怪又多毛的耳朵，門閂及門板等等……我們從來不記得孩子嫌過這些故事的描述太冗長。

這才只是幾年前的事情而已。但現在大人卻以句句讓孩子無法捉摸的「應該閱讀」原則，剝奪了那些對孩子們而言，所謂「人生」的菁華青春時刻，讓他們對書本中的文字卻步。

人生溯依著我們自身喜悅的流動而生。的確，每天在床頭講的故事，如果能熱烈精采地講了三年；且每天晚上一個故事，那麼總共約可講一千零九十五個故事。可是接下來的今晚，身為父母的我們，該講些什麼故事好呢？該讀些什麼給孩子聽呢？

人們都了解缺乏靈感的恐懼。

一開始，孩子會幫父母找靈感。我們所賴以使他感到驚喜的，並非一段故事，而是故事本身。

「再說！再說一些關於拇指姑娘的故事！」「可是我的小寶貝，又不是只有拇指姑娘的故事，還有……」他卻只要拇指姑娘，其他都不要。

是誰說過，或許有一天，父母會因為那段孩子只活在拇指姑娘的幸福時光而感到後悔？我們或許會覺得有點慚愧，只因我們所講的故事題材太單調而沒有變化。

「不要！這個故事你已經說過了！」小孩的執著真是令人感動。的確，題材選擇的問題就足以令人頭痛。最簡單且快速的解決方法：星期六早上跑一趟圖書館找童書，下個星期六再去一趟，還書、借書。這段神聖的等待期，成為一家人共同經營的活動。活動雖小，家人一起投入後，效果卻加劇。不管茲事體大體小，想培養出孩子**興趣的活動，就需要父母仔細的關照。**

但往往父母都沒有盡到這份責任，夫妻之間甚至會為此而起爭執。

「為什麼是我？為什麼不是你？對不起，今晚該輪到你講故事了！」

「你知道我沒有任何想像力的……」

父母應保持隨時進修的習慣

親朋好友一來，腸枯思竭的父母便急著讓另一種聲音陪伴孩子，無論是表哥、表姐、保母、路過的阿姨，對小孩來說，這些陌生的聲音充滿著魅力，但小細節卻常常無法滿足孩子的吹毛求疵。

「這才不是故事中老奶奶的回答方式！」小孩不滿地說。

我們同時為這種心機狡詐、矇混過關的作為感到可恥。小孩子為故事本身所賦予的崇高價值，讓我們不只一次企圖以交換手段予以否決。

「你再這樣鬧下去，今晚就別想有床邊故事！」

威脅歸威脅，父母很少會真正付諸行動。就算怒聲大罵或以不給甜點當懲罰，也無法奏效。更別說直接把他送上床又不講故事給他聽，只會讓他的黑夜變得更深沉難過。對孩子或父母而言，都是令人無法忍受的處罰。

如果父母繼續拿故事當要脅，老調重談……喔！不不不……全是倦怠懶惰的委婉托詞。這樣不好的想法只能偶一用之——例如在其他家庭緊急事故上。否則故技重施，便會被精明的孩子識破。

父母親們如果真的想扮演一個好的說書人角色，稱職地傳遞書中的文明給你的孩子，便必須先好好自我充實——開卷有益。

當父母每天講故事給孩子聽，久而久之，開始感到故事內容千篇一律，愈來愈貧乏，舊瓶裝不了新酒；這時候，也就是父母要再度上圖書館，好好閱讀並充實自我的時候了！

註釋：

1 福樓拜，法國現實主義作家。《包法利夫人》為他著名的長篇小說代表作，據聞寫作此書時特別斟酌字詞，還因為找不到適當的用詞而絞盡腦汁。

2 羅蘭．巴特，法國文學批評家、文學家、社會學家、哲學家和符號學家，他的著作對於後現代主義的發展影響很大。

3 披頭四（Beatles），活躍於一九六〇～一九七〇年代，是英國著名的流行及搖滾樂團。

4 普希金，俄羅斯著名的文學家、詩人，及現代俄國文學創始人。

避免造成孩子閱讀時的無趣感

在孩子的閱讀訓練中，學校扮演著重要的角色。它主導著孩子的未來，讀、寫、算數等等，一開始，老師必須付出相當的耐心。

孩子們拿著一根還不熟悉怎麼使用的筆桿，讓所有的槓、勾、圓點、拱線，構成了一個個有生命的字母。多美啊！字母和字母串在一起便構成了音節，而音節與音節的靠攏組合成文字。但是有些字的結構方式並非如同平常書寫慣例，常常是出人意表之外的。

好比媽媽（法文maman）這個字的寫法是，先畫三次連續拱線接著、再一圓、一勾，然後再三次連續拱線、一圓、一勾，最後是兩次連續拱線，結果就寫成了「媽媽maman」這個法文字。這麼複雜的過程，教孩子如何在這樣令人心喜的抽象經驗中，感受什麼叫「媽媽」呢？

用想像力來閱讀學習

最好的方法，就是讓孩子試著發揮想像力。

很早就起床的孩子，在微微的秋雨中出門（是呀！微微的秋雨，隱含水氣的光線，仍無法蒙蓋住接踵而至的戲劇化氛圍）。由媽媽陪著他，往學校的方向走去，身上仍然留著被窩的溫暖，嘴裡依舊殘留著熱巧克力的餘味，緊緊揪著媽媽的手，快步地走著，尤其當媽媽走一大步而他必須走兩小步的時候。

他肩上背著小背包，裡面裝的是學校的課業、早熟的無形負擔、自然課教材、他的黑栗樹葉、初級的向量觀念數學課本等等。

在學校中，他喜歡躲入校園庭院的角落、或不知所云地聽著老師的口令，跟著大家行動；或乖乖且安靜地坐在小小的桌子後，所有的肢體動作只能依從天花板底下那黑板筆觸的轉動。小朋友注意聽好，這個字的筆劃如下：舌頭跟著彈一下、手指顫動、拳頭跟著搖動；兩次小拱線、槓、勾、圓點及拱線。

在學校中，他和媽媽相距遙遠，完全沉浸於一種所謂「用功」的奇妙孤獨中，這「用功」也存在於其他以口語朗讀的孤寂中。

而他總是以困惑不解的眼神，看著一些初學字母的筆劃，像「A」的筆劃、「M」的筆劃、或「T」的等等。

難以分辨的是，像「T」，假如它上面的一橫位置不變，但把字母倒轉過來、就變成了跟「T」長得極相似的「F」。或者像「K」的手寫體也令人常常發生錯覺，彷彿它是「F」字母的尾巴多出了一勾。然而，所有的困難都必須一步一步地克服。

至於字母們之間，各有其因循語意相通的屬性，再以音節作為字母彼此間連結的橋樑。他慢慢地開始領悟，先開始「ma」的筆劃練習、再來做「pa」的筆劃練習，然後就可以練習寫出完整的媽媽（maman）和爸爸（papa）。

簡而言之，在某一個美麗的清晨裡，或是恬適的悠閒下午中，耳裡總嗡嗡地響著小孩們唱兒歌時的吵鬧聲。而你的孩子卻乖巧地安坐著，桌前平靜地躺著一張初寫著「maman」單字的白紙。太令人感動了！

當然，他已經從黑板上看過這樣的字了，而且也練習過好幾次。但白紙上的這個字可是由他親手一筆一劃寫下來的。

他以不太準確的聲音，吃力地分別發出兩個音節：「ma-man」。

這一句令人興奮的讀音，更讓人感受到一場偉大知性之旅的從此展開；如同太空人踏上月球的第一步，哥倫布[1]無意中發現新大陸的興奮難耐！由一開始幾個小拱線、小勾勾、小圈圈，那隻小手幾乎都還不能握穩筆；最後一直到媽媽這個字的完成！在他眼下，終於完成了這個字，也代表著這個字在他心中滋長成形！

找回閱讀最單純的樂趣

這並非單純只是音節的組合，也不只是一個字、一種抽象的觀念，更不只是一個活生生的母親。這是他心裡所想像的媽媽，一種奇妙的心靈轉變，可以比照片更加真實地無限延伸傳達感覺，將那些有形的小拱線、小圈圈化於無形。在那一瞬間，所有的字型不再是字型，全然消弭，純然內化成聲音、氣味、手、大腿等具體感受的無限寓意整體，存在紙頁的行距間，環繞在教室四週的牆面。

小孩子在整個閱讀的初學過程中，順勢所產生的、自然而然的「喜悅感」，全出自於天性——醉心於獲得知識、閱讀喜悅感的取得。他們不用擔心書本中是否有無畫面存在，因為即使是電視畫面、或是每天接連不斷在生活中迎面而來的影像，都比不上書中文字的無形想像世界。

即使閱讀的樂趣已隨著年齡增長而悄然失去，不過，它還不算離我們太遙遠。幾乎只能算是暫時迷失，應該很容易將它找回來。

是的，還是可以利用一些管道把它找回來。

例如當孩子一起床之後，他便很自得地（也可以說是很幸福地）到學校去。他炫耀地攤開他昨夜寫的有如裝飾品般美麗的字體，密密麻麻、四十幾種筆珠尖端劃出如蜘蛛網般複雜的字母，讓他感覺到一連串的驕傲。一種幸福感平衡了最初學校生活適應不良的轉變和困擾、課堂上鎮日上演荒謬劇的漫長白天、老師的煩人要求、無趣的兒歌合唱……

一到學校後，他便打開書包，展示他的成果，再次練習他所學的新字（不再只是媽媽，而是寫出糖果、貓咪或他自己的名字）。

走在街上，他經常毫不疲倦地努力重複念著路邊廣告招牌上的用字，像「雷諾」（RENAULT）、「撒瑪莉誕」百貨公司（SAMARITAINE）、「富維克」礦泉水（VOLVIC）、「卡瑪格」自然動物保護區（CAMARGUE）……這些懸於半空中的廣告字，它們個個清亮的音節從他的嘴裡發出。

他所質疑的，不單單只有一個洗滌標誌的廣告口號，例如：「La-ve-plus-blanc」（意思是「洗得更潔白」之意，但他只會分開音節個別念著）。這幾個字是什麼意思啊？「laveplusblanc」連著一起念的話，又是什麼意思呢？這時，他又把所有的音標，不分音節地，全念在一塊兒了！

該是討論主要問題癥結的時候了！孩子的這一股識字熱情，是否就足以讓孩子進入書本，了解書中所闡述的意義呢？閱讀的學習真如我們所想像的，是一種自發性本能，屬於人類除了會直立走路、牙牙學語之外的天分嗎？無論答案為何，我們都已經選擇從此以後，不再給孩子睡前說故書了，不是嗎？

學校開始教他閱讀，他也充滿著熱情去學習，這階段是他小生命的一大契機，一個全新自主的開始，跨出新知識視野領域第一步的另一偉大版本。

父母們也非常迷惘地對自己說：「這小子再也不需要我們為他講述什麼故事了！」話雖沒有說出口，心裡卻想著，這樣的過程再「自然」也不過了，因為生物界裡的演化，人類就是這麼一步接著一步、確實無誤地進化著。

現在，他已經夠「大」了，可以自己閱讀，大搖大擺地讀給父母看。他開始驕傲地對我們的意見提出反駁。他逕自溜上床，大剌剌地在膝蓋上打開《大象巴巴拉》這本童書，集中心思、眼神專注地看著。

哇！這小子在看書耶！從他無聲的動作中，父母確認孩子是在讀書，連想也不用想——或許也不想去理解，就這麼離開他的房間。其實小孩開始學習到的，不是閱讀，而是閱讀這個動作。父母會認為，如果這個動作對他的學習有幫助的話，按照他目前的一股熱情，繼續下去，也算是令人放心與安慰了。

父母緊盯孩子的閱讀過程

我們一直都是很稱職的父母，因為我們不會將他就這麼扔在學校。我們依舊緊盯著他學習的進度，憑著專注認真且重視的態度，參加過學校所有大大小小「公開討論」的親子會，讓老師認識我們。

我們幫助孩子完成每日的功課。而且，當他為了閱讀內容的不解而感到疑惑嘆息時，我們便以鼓勵性的口吻幫助他大聲地讀完每日的課程，並能夠完全了解課文裡的意思。雖然這樣做並不容易。

為了使每一段音節能順利地被讀出來，為了避免在努力的閱讀中仍有些字句會被遺漏，甚至是在孩子寫句子時也可能會發生這樣的情況，因此特別在必須使用許多字眼排列組合成句子時，我們必須隨時耳提面命。

「回到前面那一段！」

「再念一次！」

「那你剛剛讀到哪裡？這一段是什麼意思？」

因此，每天最難過的時刻，如果不是他放學之後，便是我們下班回家後；要不是他已經精疲力竭，就是我們已經全然匱乏無力的時候。

「你根本都不用功努力！」

暴躁、狂叫、真想放棄不教、用力摔門、死腦筋地說：

「別的小孩都是這樣一學再學，從頭開始，一次又一次地重複練習！」

聽完我們的怒吼，他便從頭開始重新學習，而他顫抖的唇齒將每個字眼發聲成扭曲難懂的語音。

「亂念一通！你在胡鬧什麼！」

看到孩子驚慌悲傷的表情之後，並未讓我們改變初衷。他那無法控制的悲傷，只會真切地告訴我們他心中無法抑制的痛苦。這樣的結果無法令我們感到滿足，只會讓我們不安的程度加深，遠甚於表達我們自己缺乏耐心的事實。

因為父母是多麼擔心他呀！一旦和其他同年紀小孩的學習進度相比較，他似乎落後人家一大步。是因為他聽力不好嗎？或許他無法解讀文字？還是他故意對我們做出「拒絕上學」的抗議？甚至以不斷的上學遲到作為實際抗議行動？

經過各項學習課程專家的詢問：聽力測試、書寫能力評斷的確立、學習心理障礙評估等，發現我們的孩子一切都很正常。

那是因為他懶散嗎？

不，他依舊生活規律。尤其是他學習閱讀的每個階段都很正常，但是卻時而進步神速，時而突然退步。經過一段內在轉變的活躍時期，以及等待文字消化的長期歇息，他的人生開始交織著對於進步的渴望，還有害怕與失望的畏懼。

父母：降低孩子閱讀興趣的元凶

對！像前面所說過的，現代時下年輕人都不愛讀書。這不能怪電視，也不能怪現代化社會及學校的教育失敗。或者可以這麼說，當大人們自己同時扮演著說書人及書本兩種角色的時期，是否已經將孩子訓練成一位理想的忠實讀者？

當時，父母、孩子及故事，是床前說故事結盟時期的「三結義」；而如今，只剩孩子獨自一人面對懷有敵意的書本。儘管父母以三、兩句話試圖打發他的沉重感，但繁複難解的文字仍舊令他昏昏欲睡。父母已經嘗試帶領他凌空遨遊想像的世界，他卻因過度的努力而墜落塵世。大人曾經無微不至地教導，無所不在地介入文字世界；無論在房間、教室、書本、字裡行間，都有大人教導的影子。

小時候故事中的神奇人物都躲到哪兒去了？那些曾經被壞人追逐的兄弟姊妹們、國王、皇后、英雄們，是否在他叫喊救命後，已安然逃脫出壞人的魔掌？難道說這些突然大筆潑灑下來的墨跡，人們所謂的文字，可以幫他找回他們的蹤跡嗎？難道這些半人半神的靈獸，就這麼煙消雲散，化為印刷油漬下的無生命符號？床前的故事書變成了這厚重的玩意兒？多麼可笑的變化啊！魔法已經蕩然無存，而孩子已經和他的英雄們窒息在厚重沉寂的書本裡！

這可笑的變化，就和父母的苦心經營同樣荒謬；就像學校老師，一廂情願地相信，能夠將孩子從夢想的囚牢裡釋放出來。

「然後呢？王子怎麼了，嗯？」媽媽，我在等你的回答！

父母從未在為孩子讀故事時去好好了解，孩子是否知道睡美人是因為被裁縫針扎到才睡著的，而白雪公主則是因為吃了毒蘋果的關係才昏死的。在最初的時候，孩子也並沒有真正地知道，了解這些故事裡有那麼多的美好事物、美麗字眼，是多棒的感覺呀！

他用盡力氣在書本上找尋他所期待的故事片段；故事說到那兒，他便會自己接下去說，然後進行到其他更難懂且有點神祕色彩的片段。但是，他因此也開始一點一滴地逐漸了解整個故事內容，並清楚地知道睡美人是因為被裁縫針刺到而昏睡的，白雪公主也是因為毒蘋果而昏死的。

這時候，母親又再度重複一次問題：「國王把王子從城堡裡趕出去以後，王子後來怎麼樣了？」

當孩子聽得懂故事後，父母卻開始不停地提問，想測試孩子的理解力。我的天啊！才短短十五句，孩子怎麼就是不懂呢！又不是長篇大論，他怎麼會不懂！我們原本是孩子的說書人，到頭來卻變成討債鬼，老要他回答問題。

「既然如此，等一下不給你電視看了！」

「誰管你……」

要管啊……居然拿電視作為孩子閱讀的報酬。當然，從此閱讀便被孩子視為一種了無生趣的苦差事……算來還是父母自作自受。

註釋：

1哥倫布，中世紀的航海家，曾四次橫渡大西洋，是發現美洲新大陸的首位西歐人。

以平常心驅策孩子的好奇心

「閱讀是童年生活的菁華，幾乎是父母懂得給予孩子的唯一消遣活動。父母在孩子面前搖晃著笛子，孩子並不會感到強烈好奇地想使用它；但他如果知道這根笛子可以吹奏出聲音的話，便會不顧一切地想學會使用它。」

「人們煞費苦心、想盡各種最好的方法來學習閱讀：發明書桌、書卡，給小孩一間書房、一些印刷精美文字的書籍。但是，比上述這一切更踏實的方法，就是忘了這些次要的東西，**讓閱讀回歸『純』閱讀，盡情讓孩子去享受閱讀的樂趣**。給予孩子這樣的慾望，比給他一個上好材質的書桌都還有幫助。**『興趣』就是閱讀的最大動力**，是唯一可以讓孩子走得更久、更遠的力量。」

「在此，每個人都必須了解一個最基本且最重要的觀念，就是要教導小孩子用『平常心』，確實地去獲得他們並不急著取得的東西。」

找回親子間共同閱讀的時光

在前述大思想家盧梭的話提醒了我們，大人要求孩子「懂得閱讀」的這份堅持，可不是一天、兩天的事情。還有那可怕的教學方針，違反孩童學習的樂趣而行，也不是一天造成的。

更何況，差勁的老爸其實也會有很好的教育方法，以及可行的閱讀計畫。文學之所以一開始會讓人們產生興趣，並非是它的豐富詞藻及優美句法；讀者只是單純地記得文學作品中的故事，而這正好反映了我們的生活。就在大家心思最溫柔、剛懂事的年紀，大人們已經幾乎不再為孩子唱著催眠曲；因此，學會自己讀故事書，便是唯一的方法。

小孩聽故事的心情，就好像喝牛奶一樣，會一直要求父母接續下去，而且一再重複故事中最精采的片段，他迫不及待的神情就像是個熱情的聽眾一樣。天知道父母要花多少時間，來演活那些故事中的魔法師、妖魔鬼獸、海盜及精靈。說完一遍之後，意猶未盡的孩子興味盎然地叫道：「再來！」好像要把他老爸老媽整垮似地，否則不肯罷休。

如果孩子一開始便懂得這點樂趣，就會繼續保持好讀者的態度；如果為他講故事的大人們能繼續培養孩子這方面的熱忱，不急著去證明孩子的閱讀能力；刺激孩子想學習的動力，而不光想要求他朗誦文章；陪在旁邊閱讀，而不只是在旁邊走來走去監督；花上幾個夜晚陪孩子讀書，而不當成是浪費時間；好好跟孩子一起享受當下，而不拿他的未來做威脅利誘；不把有趣的陪讀當成苦差事，持續培養孩子對閱讀的興趣，直到他視讀書為不得不的功課為止；利用免費的文化資源幫孩子學習，去除閱讀只是為了交作業的心態，久而久之，他們便能找回這種不花分文的人生樂趣。

其實這樣的樂趣是很容易重新找回來的。只要別讓那幾年辛勤的寶貴學習光陰白白度過；只要夜晚一來臨，再一次打開孩子的房門，讓我們坐在他的床頭，重溫彼此曾經度過的美好共同閱讀時光。

重新開啟孩子的閱讀之心

一開始，孩子不敢相信他耳朵所聽到的。驚訝之餘，開始疑慮自己所聽到的故事是真是假！「爸爸媽媽怎麼可能又來念書給我聽呢？我已經那麼大了，不是嗎？」他以為這又是父母為孩子所設的圈套，所以把自己的下巴湊到書的封面，等著老爸老媽說出下列的話：

「好，我剛剛念到哪兒啦？你了解了嗎？」

才不呢！父母絕不問這種問題，也不問其他題目。只要我們能自娛於閱讀的樂趣中，孩子也會慢慢放鬆自己的心情（大人何嘗不是）。孩子緩緩地重拾孩提時期聽故事聽得出神的表情，最後便跟隨著我們的聲音沉浸故事中。

令人驚訝的是，在一片朗讀聲中，他兀自在放鬆的心情下睡著了。隔天夜裡，也是同樣的情形。有好些時候，試著讓他跟我們描述同樣的短篇故事，內容可不是他前一天晚上所夢見的；然而，他依舊在之前聽過同樣的故事段落裡，問著我們同樣的問題，只為了想再擁有聆聽我們回答相同答案時的樂趣。

這樣的重複與繼續，代表著親子間心智與情感的充分溝通，還有溝通時的相同氣息和心照不宣。沒錯，我們心愛的孩子的確很需要重拾這樣的活力：

「再說一些嘛！」

他很喜歡盡情享受這樣獨一無二的故事，而且永無止境地要我們重複說下去！再讀一次，並非再重複一遍，如同對永不倦怠的愛表達一個永遠如新的證明。所以，我們又繼續讀下去。

他白天的學校惡夢生活過去了，晚上我們依舊在這裡，終究又在一起。他重新找回這親密的三角關係：孩子、文章和父母。直至他自我滿足於閱讀的內在喜悅，迫不及待地直接要求我們趕快跳到別段文章，告訴他故事的結局。

有多少個夜晚，孩子跟我們就此迷失在開啟想像之門的念頭裡？就那幾個夜裡，不算太多。然而，光這幾個夜晚，就足以值回票價，因為孩子為此，又願意開啟閱讀的心。

自然體會閱讀的喜悅

只是到了白天，孩子仍繼續在學校裡的學習。這時，假如他沒有在學校艱苦的學習中進步，父母也不必擔心；一旦我們放棄要求孩子去追求好成績，便已經掌握孩子學習的勝算了。

大家普遍所要求的「進步」，除了分數以外，會在父母無預期的地方，顯現在孩子的其他方面。

有天夜裡，因為我們漏掉了一行沒念，就聽到孩子大叫：

「你跳過了某一段了！」

「對不起！」

這時候，孩子將從我們手中搶去書本，用帶著勝利的手指，指著被跳過的那一段，非常大聲地把它念出來——這是孩子進步的第一個象徵。

有時候，他會習慣性地打斷我們的誦讀，說著：

「那幾個字怎麼寫？」

「什麼字？」

「史前時代！」

「史……前……」

「給我看！」

父母這時別自作聰明地以為孩子已經愛上讀書，這只是初期的好奇心作祟，最要緊的是要維持他這股對學習的專注。

有一晚，孩子下定決心地說：「我要跟你們一起念！」他的頭靠在我們的臂彎，有段時間，他的眼睛緊盯著我們念過的每個行句。偶爾他更會說：「現在由我開始念！」然後，他便一頭栽進第一段句子裡。

首先，他很努力地念著，很快地喘一口氣，漸漸地愈來愈進入狀況。他不再害怕念書，而且念得愈來愈好，愈來愈起勁。

雖然他對文字的「了解」，僅止於將字句念出來而已，但他還是帶著滿滿的喜悅把它念出來，也享受到了「讀」書的樂趣。從今以後，我們會出其不意地在晚上的某個時段，和他一起把《家貓傳奇》故事裡的貓放在膝上撫摸，或和他一起照料打理《動物農莊》故事中的動物。

幾個月下來。他已經變成了一位閱讀英雄，身負解救那些被作者寄以永世輪迴、桎梏於故事情節中人物的重任。

對了，就是這樣。

如果我們想讓孩子體會這種內在的喜悅，只要在他為我們誦讀故事時，逕自帶著甜蜜的笑容進入夢鄉即可。

在夜裡，我們不會強迫正沉醉於故事美好情節中的孩子，硬逼他去了解一些書中闡述的大道理。更不會因為要使他了解某些書中的箴言哲理，而自以為是地去打斷他的閱讀。

生命中的一切，都需要用「平常心」來面對，包括閱讀也是一樣。書中那些大道理，有一天孩子會懂的，自然而然地……

快樂閱讀小祕訣

1 說故事給別人聽，是人們從來不曾發覺的天生本能。

2 藉由聽故事，孩子領悟其中的價值和意義，進而挖掘自我人生的啟迪。

3 想培養出孩子興趣的活動，就需要父母仔細的關照。

4 父母親們如果真的想扮演一個好的說書人角色，稱職地傳遞書中的文明給你的孩子，便必須先好好自我充實。

5 讓閱讀回歸「純」閱讀，盡情讓孩子去享受閱讀的樂趣。

6 「興趣」就是閱讀的最大動力。

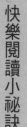

第二部

閱讀的強迫必要性

父母和師長對孩子的集體壓迫

屋裡空無一人，父母都睡了，電視也關了，於是孩子又回到孤獨之中，獨自面對那本書可怕的第四十八頁。而且，明天還得交出這本書的讀書報告。天啊！還有三百九十八頁要念！

於是，他鼓起勇氣，一頁接著一頁地念下去。書本裡頭的字隨著隨身聽耳機傳來的音樂一起舞蹈著。但是文字很無趣，它們的舞步顯得有些笨拙；它們前仆後繼、有如賽馬跑完全程般地疲累，既使施打了幾針的興奮劑，也無法讓它們再度活躍起來。

孩子繼續他的枯燥閱讀，完全不管那一具具字跡的屍體。這些文字機械式地付出它們的字義之後，便安息於人們對它們的閱讀之中。這樣殺牛祭神般的屠殺文字方式也嚇唬不了他，他依舊奮力地勇往直前讀著。完成作業的想法催促他向前衝，加油！讀完了六十二、六十三頁……

他不停地讀著，但他在讀些什麼——福樓拜的《包法利夫人》，一個讀了很多書的女孩的故事。

孩子靈機一動，心想，最好先撥個電話給同學提耶喜或史蒂芬妮，希望他們明天一早可以把讀書心得借給他，好讓他在進教室之前，趕快抄錄下來。神不知鬼不覺，他們可得好好地幫他這個忙。

《包法利夫人》：「當艾瑪十三歲的時候，她父親親自帶她到城裡的修道院潛修貞節。他們下榻於一家小旅館，當時正享用著晚餐，而餐盤上畫得正是貞女拉瓦理榭女士的故事。穿鑿附會的解釋，就這麼遭受利刃刮來刮去，弄得四分五裂，本來卻是用以榮耀整個宗教界、揭露人心曖昧、微妙以及宮廷裡黑暗布簾的一樁美事。」

此時，帶著充滿倦意微笑的他停頓了一下，他不禁自問道：「難道是他們的盤子裡沒東西嗎?有人逼他們去了解拉瓦理榭女士的故事嗎？」他開著這般促狹的玩笑，苦中作樂。

他以為自己沒有進入故事裡；錯了，他的苦中作樂倒是清楚地解釋出這兩個人的悲哀：書中女主角連面對一個盤子，都能讀出書味。而他在面對一本書時，卻只能像是面對一個盤子般無解。

學校法文課的老師了解，學生的問題在於不愛讀書。可是，父母心愛的孩子讀過很多書的，不是嗎？他們是咀嚼過很多文字的！喔！親愛的，我們應該說是他咀嚼過很多書的，不是嗎？

而且，我們也嚴禁他看電視！他確實不看電視。但每天下午放學後，有五點到六點的鋼琴課、六點到七點的吉他課；星期三有柔道課、網球課；星期六的擊劍課、冬季初雪時期的滑雪基礎課、夏日豔陽初至時的單桅帆船實習、下雨天的室內陶土課、到英國遊學旅行、韻律操……沒有片刻時間和絲毫機會，可讓孩子重新自我獨處。

給孩子夢做！

別讓他覺得無聊！

美麗的無聊……

長久的無聊……

能夠發揮創造的無聊……

「我們讓孩子學習一大堆東西，就是不希望他覺得無聊。」（可憐的孩子）

「沒錯，我們非常希望能給他一切的資源……」

「特別是以有效率的方式。親愛的，我是說『有效率的方式』。」

「我們總是無微不至地照料他。」

「很幸運地，他在數學方面的成績還不差……」

「的確，但法文課就……」

喔！可憐且悲傷的孩子，在父母的強迫學習下，每天艱辛地努力用功，而今天卻走到這步田地。為了要了解教育失敗的關鍵，父母只好硬著頭皮，去拜訪學校法文課的老師。老師傾聽著我們的心聲，對我們唯唯諾諾地說是，但是在他漫長的教書生涯中，根深柢固的陳腐教育觀念仍無法改變。惹得父母不得不問：

「請問法文不及格會不會讓孩子留級？」

因此，父母決定增加給孩子的讀書清單。想到孩子可能面臨重修的處境，還有法文老師輕蔑瞧不起人的德性……也只能說，書本萬歲！

轉眼間，老師很快就會變老了。只因為教職的操勞比其他行業更容易令人蒼老。或許是因為聽了太多的家長聊他們的小孩（家長其實是聊他們自己），而心力憔悴。還有一些關於老師個人生活的瑣事、離婚的不幸、家庭的負擔、小孩常生病、青春期孩子的管教問題、親愛女兒的情竇初開……

老師們總是老生常談地提及閱讀的必要性，特別是那抹煞人性、每個人都應該閱讀的絕對觀念。而家長和老師之間，更是形成了一種「如何壓迫小孩」的良好默契，讀書在小孩子的眼中，最後竟成了「必要之惡」。

填鴨式教育降低孩子閱讀力

有人因從不閱讀而感到慚愧，有人因不再有空閱讀而感到遺憾。也有人不讀小說，盡讀些「實用」書，如科技理論、名人傳記、網路手冊，當然更有人無所不讀。

那些用力「咀嚼」讀書的人，只是為了增廣見聞、趕上時代。但是有某些人仍執著於閱讀古典文學，有人則利用他們的成年時期，「重新閱讀」一些書。然而，「閱讀」本身的唯一目的，也可能只是為了趕流行……

也有不再閱讀的人，堅定地認為他已經讀太多書，自己之所以會「成功」，當然是因為本身的努力（那種自以為獨自就能懂天下事，不欠任何恩情的人）；不過倒也願意承認，從小讀過的書，儘管現在可以遠遠拋在腦後，還是有一些用處，有其「必要性」……於是便留下這個觀念：

「孩子們還是得念念這些書才行！」

重複未經思考的標準答案

就因為大人們有這樣先入為主的概念，認為學校讀過的書本只是求分數，有一些必要性，但對他日後的人生一點助益也沒有。對於坐在課堂上的可憐孩子而言，腦中自然也會有同樣的疑慮。至少，這問題清楚地顯現在課堂練習的無聊申論題上。

題目：「當福樓拜對他的朋友露易絲．克雷特提出『閱讀吧！為了活著！』這樣的感嘆句時，你的感受如何？」

他其實很贊同福樓拜的想法，包括他的男、女同學，通通覺得福樓拜講得很有道理。每個人本來就應該閱讀，為了活著而閱讀。關於這閱讀的絕對需求，能讓我們成為萬物之靈、脫離野蠻、跨越無知的荒漠、排除非理性的一切迷思、拒絕好戰獨裁者、抵抗物慾的誘惑。所以應該閱讀！他便在考卷上的答案欄老老實實地寫著：

「讀書是為了學習。」

「讀書是為了完成學業。」

「讀書是為了增加新知。」

「讀書是為了了解人類的起源。」

「讀書是為了了解自我。」

「讀書是為了好好認識別人。」

「讀書是為了知道人類的未來。」

「讀書是為了保存過去的歷史。」

「讀書是為了清楚我們的現狀。」

「讀書是為了引用前人的經驗。」

「讀書是為了不要重蹈覆轍。」

「讀書是為了爭取時間。」

「讀書是為了自我解放。」

「讀書是為了尋找生命的意義。」

「讀書是為了了解我們文明的根基。」

「讀書是為了保持好奇心。」

「讀書是為了自娛。」

「讀書是為了自我教育。」

「讀書是為了與人溝通。」

「讀書是為了實踐我們的批判精神。」

看完之後，老師便在考卷上頭滿意地批示：「嗯！好，很好！對，很不錯！的確，非常正確！」然後卻又一本正經地抑制自己內心的吶喊：「你們再寫吧！你們繼續再抄吧！」

老師今早在學校走廊上，明明就看到這小子正努力地偷抄史蒂芬妮的讀書報告。多年來的老師教學經驗，讓他明瞭其實大部分學生所繳交的「智慧語錄」，全出自於同一本成語字典，他也能第一眼就看穿學生考卷上所援用的例子，是抄自哪位同學的

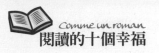

偉大手筆，所以他總忍不住在眉批處寫下這些句子：「你所提出的例子，純粹是你個人的意見嗎？」

而當老師正準備宣布下一本小說的閱讀頁數時，他的耳朵依舊嗡嗡響起學生們的喧鬧聲：

「什麼？十五天內讀四百頁！我們沒辦法辦到的啦！老師！」

「後天我們還有數學考試！」

「而且下個星期要交經濟學的作業！」

挖掘閱讀樂趣只能靠自己

電視和電影不啻是書本的「頭號」敵人，因為這兩者只需要被動的接受，而閱讀卻是種負責任的行為，需要主動去理解。

然而，此時老師放下手中批改的筆，如大夢初醒般地捫心自問：有多少次他自己也會重讀「北非諜影」、「窗外有藍天」、「芭比的盛宴」等影片的原著作品呢？這些影像對他而言，好似一些附帶著神祕感的符號，就連他自己也比較喜歡看電影，不是嗎？

當然，電影並非有什麼特殊的教育意義——因為他一點都不了解電影符號語言，而且也聽不懂電影哲學的分析。這也非關於他是否有視覺鑑賞力，只是他的雙眼清楚地告訴他自己，影像對人生意義的傳達是無窮盡的，每次都會隨著導演卓越的運鏡特效而有全新的詮釋，即使是電視的影像也是如此。電視和電影並非全然一無是處，它們有著獨特的魅力。

老師繼續批改作業。唉！誰能了解批改作業者內心深處的孤寂呢？看過幾篇作業之後，紙上的字體開始在他眼裡模糊跳躍。那些抄來抄去的理論似乎一再地重複著。

他開始感到不安，尤其是看到學生們一而再、再而三寫給他的同樣語句：要多閱讀、要多閱讀！這些由他一手調教出來的填鴨式教育信條，永無止盡地叨叨絮絮著：「要多閱讀……」但看著每段學生們所寫的句子，卻證實他們根本從來不愛念書。

老師所期望的，不過是要他們放下隨身聽，好好開始認真閱讀罷了。但是話說回來，其實老師所期待的，不外乎是要他們繳交「你要求他們看的」小說的心得報告，讓他們正確無誤地詮釋出你所選的詩句；直到高中會考那天能精闢地分析「你曾條列出的」文章，條理分明地「評論」考題，或者能將主考老師當日早上擬定的文章很聰慧地「摘寫重點」……

但主考官、老師或父母，都不特別希冀這些孩子能夠好好讀書，了解其中人生道理。他們只希望孩子們能順利完成學業，這樣就夠了！其餘的，他們可不想管太多，因為有其他更重要的事要煩心呢！

再者，福樓拜也有其他更重要的事要忙呢！如果福樓拜寄他的其它大作給露易絲，其最主要目的正希望她不要打擾他，讓他好好地完成《包法利夫人》這本小說，沒時間搞出其他名堂。事實原本是如此，你知道的，在福樓拜寫給露易絲的信中提到「閱讀，為了活著」這句話，可說是已經清楚地告訴她：「讀些書吧！好讓我自由地活著，不要來煩我了！」

身為老師的你，曾試著把這有趣的典故解釋給學生聽了嗎？沒有？為什麼？**書的文化來自傳統的口授方式，一代又一代地轉述下去**，老師可是身為傳承此文化的偉大使者。

那些由國家教育部所制定的課程中，孩子們無法從中找出任何令人感到興趣的科目。即使是老師準備的最豐富、最靈活教材（事實不然）也是如此。

每個人長大之後，才發現，現在所擁有的文學素養，全得自教室之外，跟老師一點關係也沒有。

下課之後，孩子們又回到自己的幻想世界中，自行找尋孩提時期聽故事的真正感動。他們回家看自己真正想要看的書，而這些書，跟學校老師的書單一點關係都沒有。孤獨地，他們自行發掘真正的閱讀樂趣，在閱讀路上踽踽獨行……

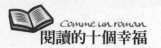

為了感受「活著」的閱讀魅力

無庸置疑地，小時候在屋內最美的時光，是老爸和老媽同時激發孩子想像力及好奇心的時刻。每一次，當父母親自偉大的故事中體會它難以抗拒的魅力時，孩子們總是從聽的過程中體會更多。如同其他有趣的故事、充滿智慧的寓言故事、多重寓意的短篇小說、以及奇異的冒險故事。

長大後，孩子們開始靠自己來閱讀一切作品。雖然學校教育的課程範圍廣泛，但許多一成不變的制式教材，卻是非常容易以教條抹煞學生的閱讀樂趣，斷絕學生對書本的想像空間。

閱讀樂趣不是學校教育的目標

一切僵化的教育規則都被悄悄成立，並依學生不同性向區隔，以至於閱讀樂趣並非是學校教育最高指標，且知識也不過是一段了解如何考試之後痛苦經驗的果實。

學校當然不能成為玩樂場所，玩樂是不需付出任何代價的，學校卻是以努力用功來製造需求知識的神聖地方。在這裡學生被教導的素材，好比製造思想的工具。負責教材的老師就像啟蒙講道者，所以不能強迫他們闡述並分析理性精神教育的無價。

一旦所有在這種教育環境的一切——如課程、成績、考試、能力分班、分級、性向、科系等，確立學術教育偉大功能後，學校也以漸進的嚴密分工方式推展教育。

運氣好的話，學生偶而會遇到一位熱衷於數學教育的老師，甚至把數學課題當作藝術賞析課來教。他讓學生因他自身表現的理想和熱情，進而對原本枯燥的數學產生興趣，一切都得歸功於他將數學題目當作樂趣來看待。但是這種老師只能說是偶然會碰到的難得幸運造化，並不能歸功於校方的精心安排。

挖掘孩子的自發性閱讀行為

其實每個活著的人本身，都會去熱愛生命，即使以二次方的均分方式來除之也是一樣，但就是不會對學校的課程報以十分之一熱情的回應。

假使，除了要求學生讀書之外，老師突然決定和學生「分享」他自身讀書的樂趣，事情會不會另當別論呢？

讀書的樂趣？到底什麼才算讀書的樂趣？事實上，問題卻顯然地回歸到學生的內心深處！

為了開始培養這樣的樂趣，孩子們心中追求真理的誓言，卻大規模地和學校教條產生衝突。因為**大半的自發性閱讀行為，培育了孩子們一種學會說「不」的人生勇氣，也不再全然地贊同一切**。這些自發性閱讀的孩子們，是以自我分析、自我拒絕、自我反對的方式來進行真正的閱讀。但是，他們現在還會有逃離一切壓迫的足夠信心，還能夠像從前一樣緊追於閱讀的「魅力」之後嗎？

閱讀時請保持靜默

每次的閱讀，都是一種反抗的行為。反抗什麼呢？反抗所有的可能，包括：社會的、心理的、情感的、家庭的、族群的、意識型態的、文化的……

閱讀可以帶領著我們，反抗上述所有的可能，甚至由自我反抗中超脫。因此，由上面所述得知，我們讀書不正是為了對抗死亡嗎？

這就是為何卡夫卡[1]以閱讀，來對抗父親功利主義心態下的安排；福朗納．利歐卡諾以閱讀杜斯妥也夫斯基[2]的作品，來對抗母親的譏諷；如同提博德將軍在維當戰役的對峙中，臨危不亂地讀蒙田[3]的作品；亨利．盟德在法國被德軍佔領時，仍沉迷在馬拉梅[4]的詩集中；記者克夫曼在貝魯特的監獄中，不斷重讀著《戰爭與和平》[5]。

瓦樂希[6]告訴我們說：「某些找到生命良方的感動，就是當他努力、耐心地寫作時，在兩極化的痛苦中，創作出一篇自己歡喜的詩文。」當然，孟德斯鳩[7]的誓言中，教育意涵的轉變加深了以下的觀點：「研讀對我而言，曾經是一塊治癒對生命反感的良田，只要一個小時的閱讀，就能讓我不再感到悲傷。」

但是，現代的人們，卻寧可每天將書本拿來作為逃離雨天裡滴滴答答噪音的工具，以寂靜中翻閱的書頁聲，來對應地鐵車廂中的可怕沉默。考試時，監考老師把小說悄悄藏在寫字桌的抽屜裡，在學生發問問題之餘，偷看一下；而坐在後頭的學生也悄悄地偷看他的小說，等著繳交白卷。

用心靜默、享受閱讀

文學作品其實很難教，**尤其是在閱讀文學作品時，更需要寂靜的思考！**

閱讀是溝通的行為嗎？這又是一個評論者的趣事！在閱讀中，人們保持沉默。而閱讀本身所享有的樂趣，我們經常將它放在無法與人分享的祕密中。要不是因為無法將它付諸言詞來形容，就是因為在吐露字句感受之前，我們必須花費相當多的時間，來做回味言詞的分解工作。

這份靜謐，是我們從事內心活動的前提條件。當書本在被閱讀時，我們是完全屬於它的。它的單一引導，讓我們在自我拒絕之餘，找到了另一個生命出口。它為我們保有了廣大無垠的多采多姿世界，提供了一畝培育心靈種子的良田。我們保持靜默地閱讀著，而之所以**保持靜默正是因為我們在用心閱讀**。在閱讀完畢之後，希望有位朋友來詢問我們：「怎麼樣？好看嗎？有什麼感受？」

有時候，是謙卑要求我們保持靜默。不是裝模作樣的謙卑，而是發自內在、全然孤獨、幾乎是痛苦的謙卑狀態。期待讓一場這樣的閱讀盛宴、這樣的好作者，來改變讀者的未來生命！

或者，是否能夠在閱讀之後，生命出現了另一種結果？在卡夫卡的存在主義哲學中，有誰的存在靈魂真正被照亮？甚至在光亮之中，連我們最悲苦的證明也如同紙片般被切碎。

由此可見，書本是多麼能夠扭轉我們的意識型態啊！並可能使世界走向更壞的地步，因此必須保持靜默。

當然，除了那些具有輿論影響力量的文化學者。但他們每天大放厥詞地不停發表高論，對世間的貢獻到底為何？所以，人們最好還是保持靜默吧！別讓書本成為人們交朋友的手段，在聊天找話題時冒出一句：「什麼？你還沒看過《達文西密碼》？」這下子閱讀的角色也只能是鞠躬盡瘁，死而後已。

註釋：

1卡夫卡，二十世紀知名德語小說家，著有《變形記》、《判決》等作品。

2杜斯妥也夫斯基，知名俄國作家，著有《罪與罰》、《地下室手記》等著名作品。

3蒙田，文藝復興時期法國作家，著有《嘗試集》。

4馬拉梅，法國著名詩人，著有《牧神的午後》，音樂家德布西還以此為靈感根據，寫出「牧神的午後前奏曲」。

5《戰爭與和平》，是俄國大文豪托爾斯泰知名作品之一。

6瓦樂希，法國作家、詩人。

7孟德斯鳩，法國啟蒙時期思想家及社會學家，著有《法意》一書。

當一個文字殿堂的忠誠守衛者

閱讀並不是一種立即交流的行為，而是最終的分享，而且那是一種長期思想激盪下的分享。

不論是加入學校討論、讀書會、各種公開形式場合的大型閱讀座談會，或者只和朋友、愛人、班上的同學，及思想相近的親人在家中彼此分享。結果很明顯：產生了喜悅的思想火花。

有如閱讀的慾望，便是以喜好的感覺所組成。這種喜愛閱讀的情緒，到最後，也可以讓我們能夠以此種喜愛的心情，去做我們想做的事情。

當一位老師給了我們一本書，我們首先會從字裡行間找尋作者的影子、他的品味、以及老師突然把這本書丟給我們閱讀的理由。然後，文章帶著我們，讓我們從中忘了自己身在何處；而這正是一部作品的魅力，且同時出人意表之處。

雖然時光流逝，好作品仍然可以引起共鳴，許多章節如同一張張熟悉的臉孔，在心底持續浮現。為了公平起見，出現的並不會永遠是你喜好的臉孔，有時會是一些（不過很少）討厭的人（例如某位老師的臉）。

就好像皮耶這位好老師，他的眼神、聲音、沉靜，佔滿了我童年閱讀記憶的全部，訴說著所有他對閱讀的尊重。多虧了他，我才養成閱讀的習慣。這樣的老師，本著他對書本的熱情，對學生非常有耐心，給了一種愛的示範，建立了學生們的自信！

好老師開啟學生閱讀新視野

在詩人喬治．貝侯的傳記中，尚瑪莉．吉拜爾提到貝侯所執教的漢納市裡，有一名女學生是這樣形容貝侯的：

「他星期二早上到達教室。風吹亂了他的髮，寒冬中他那輛藍色的摩托車冒著白煙。他穿著深藍色的風衣，佝僂著背，嘴裡含著煙斗。他將書本通通從背包裡拿出來，放在講桌上。而這就是他的人生。」

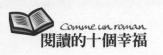

十五年後，這位優秀的女學生依舊充滿回憶地說著。她的笑容低低地掩抑於咖啡杯之上，她思考著，慢慢地回想著她對貝侯老師的記憶，然後繼續沉醉在她的美好回憶之中：

「對，這就是他當時的人生：幾本書、一支舊煙斗、幾包煙草、一份法蘭西晚報、一串鑰匙、記事本、帳單、摩托車的火星塞等等。從這些亂七八糟的東西裡頭，他取出一本書，便看著我們，先發出一陣吸引我們注意的爽朗笑聲，然後開始讀起這本書。」

「他將左手插在口袋裡，右手拿著書本，動作瀟脫自然，好似那些讀出來的內容是來自他心裡的真正想法。」

「他所讀過的，都是上天恩賜的禮物，因為他從不對我們要求回報。當我們其中有人開始天馬行空地胡思亂想時，他便會停一會兒，看著那位作白日夢的同學，並輕聲地吹口哨叫他，讓他甦醒。這並非是一種憤怒的宣告，而是一種讓意識甦醒的悅耳輕喚。他從不曾讓我們感到迷惘，在深入淺出地為我們誦讀書本的時候，他藉由書中的字裡行間來呵護著我們的心。」

「他有著響亮清脆的聲音，有點低沉，但仍可完美無缺地充斥教室的所有空間，彷彿可以響徹整座羅馬競技場、巴黎歌劇院、威尼斯聖馬可廣場，而且字字清晰，沒有任何一個字掩蓋住另一個字。」

「他本能地丈量著我們腦容量的空間，從不多塞一個字，他是所有書本自然共鳴天籟的音箱，動人文章的化身，書本所幻化的人。依循著他的聲音，瞬間讓我們感覺這些書好像是為我們所寫的一樣。在一段可怕的學校教育後，我們對文學作品早已產生尊重性的距離；在他的引導之下，我們才有了這樣的重新發現。」

「他所做的比其他的老師還要多嗎？其實一點也沒有。以某些觀點看來，他所做的還滿少的呢！或許該這麼說，他對我們分析文學時並不採用鉅細靡遺的方法，而寧可慷慨地讓我們經常滿足於文學的小小薰陶。而我們當時也完全了解他為我們所讀的簡單內容，我們完全『聽』進去了。」

「當他闡述作者寫作的用意時，他不用依靠清晰的解釋，便能讓人聯想言下之意，揭露書中的意象，因為他給了個恰如其份的反意例句，絕對令人難以想像的完美例句。他以清楚表達的嗓音，帶領著我們活生生地去解讀他所要我們明瞭的書中雋永諺語，但他卻不沿著此一思緒去添加任何主觀想法。在他閱讀的整個過程中，我們片段地感受著書中人物情感的起伏波動。」

好老師讓文化變得親近

「這位老師一星期幫我們上一小時的課。這一小時好比他隨身攜帶的帆布袋，隨時可以帶走。當他於學年結束要離開我們的時候，我算算他教過我們的作者有：莎士比亞[1]、普魯斯特[2]、卡夫卡、莫里哀[3]、馬勒侯[4]、瓦樂希、契柯夫[5]……我只是隨便列幾個出來，因為太多人，記都不記得。」

「他什麼都講，什麼都念給我們聽，因為他不要我們的腦袋只像座圖書館而已。他把我們當成年輕仍未受陶冶的璞玉，且教導我們一些應該知道的知識，卻不會想拷問我們關於文化歷史及一些星球宇宙祕密的嚴肅問題。對他而言，文章並非從天上掉下來，而是他拾自於地上，為了給我們閱讀用的。這些題材都是一些平日圍繞著我們、源源不斷取自生活的素材。」

「我還記得，大家一開始對他很失望，尤其當他述說起那些其他老師也歌功頌德過的名家，有些我們以為已經很熟悉的，像是莎士比亞、莫里哀等……不到一個小時，老師卻打破了這些人在學術界神聖不可攀的形象，講成像是我們身邊的伙伴。他賦予這些名家生命，彷彿再度活過來，就坐在我們旁邊或咖啡廳裡，而那家咖啡店有時也會成為貝侯老師帶著我們做課後辯論的地方。」

「然而，他不會矯情地扮演亦師亦友的身分，因為這並非他的一貫想法。他只是單純地繼續他所謂說書人的天職。對他而言，文化不再是道貌岸然的國教，吧台也可以當成教室裡的講台。聽他講課，學生們並不會感動到想受洗入教，或是拿到知識的傳承衣缽；他的話讓人想要再閱讀，而這樣就夠了……當他不想多說時，我們會衝到圖書館內，狠狠找出書來讀。沒想到，我們讀得愈多，愈感到自己的少見多怪，讓自己因無知而擱淺，面對著這一片知識之海。」

「只有跟著貝侯老師這位舵手，我們才不怕自己會被海水淹沒，只有選擇沉浸在書海裡，才不會浪費時間在冰冷的水花中載浮載沉。」

「我不知道當年同學們有多少人當上了老師；想一想，應該不多。或許有點可惜，因為無形中，他已經在我們體內注入這股想繼承衣缽的渴望。老師不在乎自己教得好不好，他隨處都可當作教室，散播對閱讀的熱情：『不如我們出去走一走……去森林給七個小矮人送飯吃如何……』」

「這樣的老師並不喜歡強制灌輸知識給學生，他只是提供他所知道的，僅此而已。與其說他是老師，倒不如稱他是浪漫吟遊詩人的帶領者——以字句的吟唱來往於中世紀古道上的旅店，耐心地對著不識字的朝聖者，講述著貴婦人和騎士的浪漫傳奇故事。」

「好像每件事都該有個起頭，每年他便以口述方式，來招募他的朝聖隊伍。他的聲音如同吟遊詩人一樣，引來不識字群眾的聆聽。他點燃知識的火炬，讓他的群眾置身於書香之旅上，如同堅定虔誠的朝聖者。」

「重要的是，他總是大聲地讀給我們聽！一開始，他便相信我們會有想了解的慾望。使用大聲閱讀的方式，可將我們導引入書本的境界。他確實讓我們想閱讀！」

依靠我們與生俱來的聰穎天資，書本裡的語言也就能使我們變得口齒伶俐。與其讓書本的智慧由我們的口中轉述出來，不如也加入一些我們自身的智慧，然後再藉由書本來印證。我們並非有志成為書本的傳道者，寧願只是安分地當個宣誓過的宮殿守衛。在闔上滿滿文字的各扇門之後，讓我們自由自在地往來於字句的美好世界中——該讀書了！該讀書了！

註釋：

1 莎士比亞，英國詩人和劇作家，著有多部知名作品，如《羅密歐與茱麗葉》、《哈姆雷特》、《李爾王》、《奧塞羅》等。

2 普魯斯特，法國意識流作家，著有《追憶逝水年華》。

3 莫里哀，法國喜劇作家、演員，著有《唐璜》等多部知名劇作。

4 馬勒侯，二十世紀法國文化界傳奇人物，曾任法國的文化部長。

5 契柯夫，俄國小說家、戲劇家，著有多部小說和劇作。

重新激發我們的求知慾

「該讀書了！」這是對年輕人耳提面命的主要規範。關於閱讀，除了這主要規範之外，大人們似乎已經無其他妙方。

某些學生會依循其他管道發現書本中的樂趣，試著以單純的心情繼續閱讀。他們當中最好奇的人，將會以上一篇所提到最明確的解釋，當作照明燈來引導他們的閱讀方向。

制式化思考的不閱讀者

在不閱讀的人口之中，一定都知道如何找尋各種藉口不看書或是偷懶：在資訊氾濫的世界中，讀太多東西會消化不良；在課堂上交出早已偷工減料過的練習題（本該讀四百頁，卻兀自刪減到三百頁）。這些人知道如何運用線性分析的理論，成為一個

「自行篩選文章段落」的專家，並確實無誤地通過高中會考，獲得學士學位，通過高中教師甄試……但終其一生，這些人根本不需要對書本存著一丁點的熱愛。

那其他的學生呢？他們早已不愛讀書，他們也可能自覺很笨，也從不私下看書，上課向來是制式化地有問必答，且不提出任何問題。

有時候，他們會夢見自己站在文學教師甄試的模擬課堂上。為了證明應試者未來是否有能力幫學生上課，主考官出題——《包法利夫人》裡文學思想的節錄。

年輕的應試者坐在講桌上，依著相對的台階，六位評審的座位更顯得高高在上。為了表示對此事的慎重，這場甄試選擇在巴黎索邦大學的大議事廳裡舉行。這間議事廳經過幾個世紀原木建築的書香餘味之後，更具有一種沉重知識的肅殺氣氛。

一小撮父母親友組成的聽眾，散坐在接連的長凳上，聆聽著年輕女孩因為害怕而怦怦響的心跳聲。那試教的女孩待在講台，被她心中深感無知的焦慮所撕裂。

輕輕的脆裂聲，彷彿布料輕輕被撕碎，顯得這段甄試的時間過得好漫長。女孩用顫抖的手將小抄擺在她的眼前，然後打開她知識的彙整集結——《包法利夫人》裡文學思想的節錄。

評審首席（由於是夢，作夢的人可決定讓首席穿著羅馬法官般大紅色的長袍，垂垂老矣的歲數，似貂皮一般的垂肩，捲曲的假髮則是為了加深他有如峽谷斷層般的可怕皺紋）悄悄地在評審助理耳邊講了幾句話。評審助理（他比較年輕，正值心智成熟且充滿智慧的時期，穿著跟評審首席一樣的衣服，一樣的頭飾）很嚴謹地加了一些自己的見解。一旦首席在他左側的人耳裡嘀咕幾句後，其他人便把話傳下去，讓兩側的評審都聽到首席傳來的訊息。

試教的女孩專注於她筆記內容的重點，忽然因她思緒的混亂失序而感到六神無主，卻沒注意到有位評審起身，走下台階來到她身旁。她抬起頭來假裝正在思考，卻發現她被他們的眼神緊緊攫住。

喚起求知若渴的心

她或許應該感到害怕，但她卻急於擔心自己沒搞清楚試教內容的地方。她不禁自問：「為何他們要如此靠近我？」但她還是繼續盯著她的筆記——《包法利夫人》文學思想的節錄……她幾乎忘了她上課的流程，儘管這流程原本是如此清晰分明！

「小姐……」

那年輕女孩根本不知道有人叫她。她只是忙著找，找著在她混亂匆忙的講解當中，不知擱到哪兒去的上課章程表。

「小姐……」

她一直找不到……她就是沒找到她的上課流程。

「小姐，麻煩你……」

首席的手剛剛是否搭在她的手臂上？（咦！從何時起，評審首席的手敢搭在女應試者的手臂上？）是否那些評審助理已經開始離開他們的椅子，起身準備動作？（因為每個人都將帶著椅子，坐到她的周圍）最後那年輕女孩抬起頭，雙眼看著那位正在叫她的評審首席：

「小姐，拜託你，不要管那些文學思想語錄了……」

突然首席和他的助理們通通拿掉他們的假髮！他們有著如孩童般年輕的鬈髮，張大了清純的眼睛，求知若渴般地說：

「小姐……求求你，跟我們講《包法利夫人》的故事！」

「不！不！跟我們說說你最喜歡的《安徒生童話》[1]！」

「可是我好喜歡《魯賓遜漂流記》[2]。小姐，跟我們說說那個叫做星期五的土人！」

「小姐，賜給我們讀書的慾望吧！說說真正的故事吧！」

「那才是真正的閱讀慾望！」

「卡夫卡！關於他日記中的任何事情都行。」

「或是你喜歡的書也行！」

「不要看時鐘！我們還有很多時間！」

「拜託你……」、

「小姐……讀給我們聽嘛！」

註釋：

1《安徒生童話》，丹麥作家安徒生所著，集結許多童話故事而成。

2《魯賓遜漂流記》，英國小說家丹尼爾・笛福所著，述說一個海難倖存者在荒島上度過二十八年的故事。

快樂閱讀小祕訣

1 書的文化來自傳統的口授方式，一代又一代地轉述下去。

2 大半的自發性閱讀行為，培育了孩子們一種學會說「不」的人生勇氣，也不再全然地贊同一切。

3 在閱讀文學作品時，更需要寂靜的思考！

4 保持靜默正是因為我們在用心閱讀。

5 閱讀並不是一種立即交流的行為，而是最終的分享，而且那是一種長期思想激盪下的分享。

第三部

書與人的距離

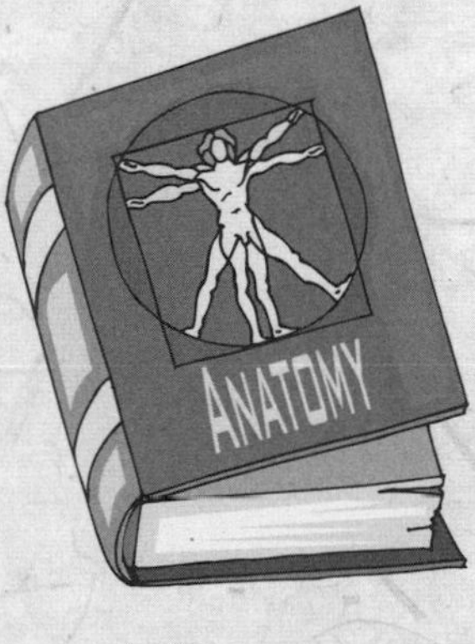

老師和學生之間的若即若離

想像我們在一個青少年的班級裡，大約三十五個學生。不是那一群聯考菁英，而是成績較差，考不上大學，甚至高中會考都沒辦法通過的孩子群。

新學年剛剛起步，他們便已開始觸礁。不懂自己為何留在這所學校裡，莫名其妙待在這位老師面前。

「觸礁」是個敏感的字眼。感覺好像再次被人丟到河裡一樣，尤其當他們昨日的同學大部分已搭上高中的豪華郵輪，開往偉大的「前途」時，他們好像是一艘被學校潮汐巨浪所淹沒的沉船。因此他們在開學第一天，例行性填寫的個人資料上便做了以下的自白：

我總是在數學方面表現很差……我對語言方面不感興趣……我無法專心……書裡有太多的單字……我比較喜歡畫畫，但在某方面我不是很有天分……

他們便是這樣描述自己的。

當然，他們誇張了些，而這是人性使然。個人資料就像內心的紀錄，帶著某種自我批判的色彩：人們會自然而然地將自己抹黑。自我抹黑之後，不讀書便有了各種藉口，並將自己委身於各種要求的保護傘下。如此說來，學校至少教了他們一些東西：如何尋找逃避的各種藉口。

然而，這些年輕學子所自我塑造的形象，卻跟想像中的不盡相同：他們沒有留著一頭像壞學生的可怕亂髮，或老是低著頭打瞌睡，也沒有邪惡的尖下巴。

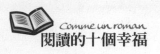

不，他們還是有著屬於自己特色的各種面貌：愛打扮的雪維農，完美的外表如同沒有磨合過的全新馬達，男孩子氣地套上他老爸的襯衫，摳挖著膝蓋上撕開破洞的牛仔褲。另一個女生，則有著西西里寡婦的冷酷側影，彷彿象徵著「這世界對我已經不再具有意義」的叛逆。反倒是她隔壁的金髮女孩，以充滿現代美學格調的方式，來裝扮自己：模特兒的曼妙身材及封面女郎的姣好臉蛋，一副精雕細琢、亮麗動人的俏模樣。

每個人都處於剛脫離奶瓶及父母的羽翼，急著尋找解脫的奔放青春年紀。而這些小大人，多半覺得自己比老師偉大！

相較之下，在逝去的過往歲月中，老師自己的青春期則顯得有些曖昧。他的過去有點糟糕：當了二次大戰後的奸商，販賣馬歇爾歐洲復興計畫留下的保久乳。當時，老師乖乖地接受了資本主義的改造，有如戰後的殘破歐洲一樣。

而學生們如此成熟的身體及入時的穿著，感覺上相當成熟卻不靦腆。他們的髮型、他們的服飾、他們的隨身聽、他們的計算機、他們的應對得體，不禁讓人聯想到在同樣的年紀裡，他們可能還比老師更容易「被改造」。

如果老師不能算是舊世代的老人，老師自己也可以察覺到歲月的無情，有點無奈。在他的教書生涯中，二十幾年內所看到的小孩和青少年，大約有好幾千人以上。他看著一屆屆的學生畢業而去，也看著同樣的過程重新來過！

唯一沒有改變的，是每年開學必寫的個人資料條列項目，突顯「破壞性」的酷師表現：「我很懶，我很笨，我一無是處，我都試過了但沒用，別讓自己太累，我沒前途」等等。

總之，他們不自愛。仍舊做著幼稚且不負責任的自我表白。

簡而言之，老師跟學生處於兩個不同世界，兩者從來都搭不上線。的確，學生雖然千方百計地想討好老師，而且在老師面前還要裝「酷」（又如何呢？），但學校仍別想騙過那些古靈精怪的學生。雖然學校的要求是要學生們服從，但學生們已不再是小毛頭了，而他們也正苦惱著那趕快變成大人的漫長等待。

學生們渴望自由卻又同時感覺到被遺棄……

丟掉紙筆，仔細聆聽

當然學生們不喜歡閱讀，因為書本裡有太多單字和太多頁數。更何況，那麼多本書是一定讀不完的。

當老師問道：「誰不喜歡讀書？」有許多人都會舉手。

「好！既然你們不愛讀書……那就由我來讀給你們聽吧！」老師說道。

不一會兒，他打開背包，從裡頭拿出一本方方正正的磚頭書，真是巨大，加上精美的封皮。我們可想像書本的材質有多令人印象深刻。

「上次念到哪裡了？」

學生們無法相信眼前所見所聞。這傢伙打算「讀完」這本書？這樣大概就要花上一年的時間！真令人困擾，而且又將成為一種必然的壓力，但這是老師自己提議要這樣念上一年的，學生們可沒要求。

或者，這是老師一種無為而治的方式，還是另有玄機？還是小心防著點為妙！學生害怕被老師的另外一個陰謀奸計套牢，例如從此以後，每天將開始準備一份長長的單字表，或是固定交一份厚厚的閱讀心得報告。

學生們面面相覷。的確，上課時他們必須準備拿出紙和原子筆，在一旁嚴陣以待、蓄勢待發。

抬起頭，輕鬆聽故事就好

「不，不，同學們不需要抄筆記。試著去聆聽就好。」

然而，想想看，這樣輕鬆學習的態度是在作夢嗎？如果沒了這枝筆和一張白紙當藉口，這些待在教室、行屍走肉般的遊魂又會是如何呢？大家忽然覺得不知所措。

「你們舒舒服服地坐好，放輕鬆……」

學生們心中充滿好奇，琪琪和阿雅忍不住提出疑問：

「老師您要念整本書給我們聽……大聲念嗎？」

「如果我小聲地念，我不知道你要如何才能聽到我的聲音。」

悄悄地一陣嬉笑聲四起，但那西西里寡婦可不吃這一套。一陣細語嗡嗡作響後，她終於開口發難：

「我們已經超過那種聽故事的年齡了。」

狐疑和不解開始在輿論中蔓延開來。特別是對他們而言，從來沒有任何老師把閱讀當作真正的禮物送給他們。其他人也知道，他們已經不再是承受這般禮遇寵愛的年齡了。

「如果過了十分鐘後，大家還是覺得自己已經過了聽故事的年齡，那你可以舉手，然後我們改做其他事情，好嗎？」

「那，讀什麼類型的書呢？」小柏以專業的口吻問道。

「一本小說。」

「故事是講些什麼？」小柏追根究柢。

「在還沒閱讀之前很難說清楚。好！你們同意了嗎？談判到此為止。我們開始吧！」

「法國在十八世紀的時候，有一個人算是這時代裡最聰明及最恐怖的人之一。然而，他擁有著令人害怕的天分……」

「在那個世紀裡，城市裡到處瀰漫著一種身處於現代的我們、幾乎無法想像的怪味，那使街道聞起來像堆肥。每戶人家的後院都充滿尿騷味，牆階樓梯有著木頭發霉及老鼠屎的味道，廚房有包心菜腐爛味與羊脂味，家家戶戶塵封緊閉、惡臭難聞。房間裡有些微濕溽的鵝絨被味及油膩的床單味，煙囪吐出恐怖的味道，皮革匠散發出他們肌膚逐漸被腐化的臭味，屠夫則散發著屠體的凝血腥臭。人們則散發汗酸及衣服沒洗的臭味，嘴裡呼出一股爛牙的惡臭，人類的腸胃嘔出洋蔥汁的味道。當人們不再年輕時，身體聞起來就好似老掉的乳酪及酸掉的奶，那種發疹性腫瘤的要命氣味。」

「這些味道蔓延在那些河流、廣場、教堂及橋下，甚至到皇宮裡。這氣味使農夫和神父一樣臭，工藝學徒和師傅的老婆也是一樣的可怕味道，這股臭味甚至感染了所有宮廷內的王公貴族，使皇帝自己也感覺到臭得好像一隻野獸，而皇后則臭得像隻老山羊，不分冬夏……」

看書而睡著的幸福

真是感謝親愛的徐四金[1]先生！您那「不臭不要錢」的文筆，加強了這本《香水》故事的魅力，讓學生們深深著迷。如果以少數拜讀過您大作的讀者來算的話，您的《香水》大概沒有遇過像這群三十五位學生一樣熱衷的讀者吧！

過了十分鐘，那位眼神凶狠的西西里寡婦，已經完全由您的書中找回自己最適合的閱讀年齡。同樣令人感動的是，所有原本心不甘情不願的臉，目前卻不願因一絲嬉笑，而岔斷了您優美散文的持續。

小柏張大眼睛和耳朵注意聽著，而且當有人忍不住讓自己發出會心的一笑時，他會制止別人說：「噓！拜託，別吵啦！」

讀到了第三十二頁，在這字裡行間，老師提到了《香水》一書中，住在蓋亞女士收容所的尚巴提斯特．葛努乙，和那隻永遠會出其不意出現的跳蚤做比較（你知道嗎？孤獨的跳蚤，總是專注地隱藏在尚巴提斯特．葛努乙的毛髮中，全心全力、投注地嗅聞著，何處是動物血液流經的地方……）。

很好！讀到了這幾頁，第一次我們了解到葛努乙的內心深處世界。而此時琪琪和阿雅已經將頭埋在雙臂之間，各自趴在桌上睡著了：進入一種呼吸平和順暢、幸福滿足的睡眠狀態。不，不，不要叫醒他們，沒有什麼比躺在鋪著文字搖籃裡的睡眠更美好的事了。**看著書本而睡著，甚至也是閱讀過程中一種絕佳的樂趣**。

小柏和阿雅因此又回到孩提時代，享受著一種全然的安全感。當下課鈴響，他們才會忽然大叫：

「天啊！我竟然睡著了！後來蓋亞媽媽怎麼了？」

註釋：

1 徐四金，德國當代暢銷作家，最為世人所熟悉的知名作品為《香水》。

閱讀的奇蹟出現

同樣很感謝你們：馬奎斯[1]先生、卡爾維諾[2]先生、史帝文森[3]先生、杜斯妥也夫斯基先生……不管是已故還是活著的所有偉大作家。聽到老師口中動人的故事之後，原本課堂上那三十五名對閱讀一事已經冥頑不靈的學生，現在起，又找回了他們聽故事的樂趣。

「徐四金是誰？」

「他還活著嗎？」

「《香水》這本書是用法文寫的嗎？」

「《預知死亡紀事》這本書太棒了！老師，另外關於《百年孤寂》這本書是講些什麼呀？」

你看看，在學生的嘴巴中，開始出現對書本的評價了。

然而，老師也沒做什麼大事。他只是把受到孩子對書本恐懼而封閉起來的閱讀樂趣，重新釋放了出來。這種害怕看不懂書本的恐懼，由來已久。

孩子只是一時忘了，這不過是一本書，還有書本能帶給我們的樂趣。像小說，最早也是為了要講故事而寫，重點是老師們只要記得小說必須被當成一本故事來讀：斷絕大人們想說的慾望，這就夠了。

從名作體會多元閱讀魅力

為了滿足自己聽故事的慾望，長久以來，大人只會依賴小螢幕，不斷在這裡放出卡通影片、連續劇、娛樂節目及驚悚片等等：無窮無盡且可以張冠李戴的故事，這些東西卻成為人們編撰小說的最大資源。塞滿了這些東西的腦袋，有如只是填滿了肚子般的腦滿腸肥，吃得飽卻也很快就消化掉，比觀看之前，更讓人感到孤單寂寞。

然而，聽著《香水》這本書，我們好似身處在徐四金先生的跟前一樣：確實地享受一個動人故事，一段美麗的情節，還有那徐四金先生美妙的聲音（以某種論點來看，我們可說它是一種風格）。

這種風格的魅力，增添了描述的美感。翻到最後一頁，這聲音的迴盪一直陪伴著我們。接著，徐四金的聲音，即使透過譯者及老師聲音的雙重過濾，也不會像馬奎斯或卡爾維諾的聲音一樣，並且能讓人立即辨識出某些不同的地方。

哪來這樣的奇怪印象呢？陳腔濫調的胡扯文章，對全世界所講的語言來說，都是一樣的。但是徐四金、馬奎斯及卡爾維諾，是說著他們自個兒的語言，單單對讀者「我」一個人，只為那個忠實的「我」敘述著他們的故事。

至於西西里寡婦，沒摩托車的小巴和阿雅、小柏他們，也為了我，不再以他們的聲音干擾我上課，而且任由我選擇喜歡讀的書。

面對闔上的書本，我們的心靈不再受到禁錮。泅泳於現在，徜徉於書中的字海。

養成自己閱讀的習慣

的確，老師的說書聲音，幫助學生們做這樣的連結，讓他們節省力氣去探索書中的深奧涵義，能夠明白地看清書中每個角色的立場；移植場景的裝飾，讓學生們隱身於書中的角色，標出主題，加強共鳴的地方，盡可能正確地，以圖像突顯他的工作。

但是，很快地，老師的聲音加了進來。活靈活現的樂趣，讓人更容易感受到讀後的喜悅。同學們很高興，在往後的日子中，大家知道該怎麼自己讀書了。

是老師的聲音和他所提供的故事，使「我」和書中的「文字」結合。如此一來，重新帶給孩子那份隸屬知識分子聲音的忠實品味，這樣的聲音讓人讚賞。彷若在十多年前，父母親從美麗的紙張上讀來的聲音一樣悅耳動聽，而且是美好生命中專屬於爸爸媽媽的慈愛聲音。

小說真正的樂趣，源自於發現一段心領神會的互動關係：在作者和「我」之間。孤獨的文字讓「我」被書中沉默孤寂的聲音所招喚，促使文章能夠重新復活起來。

老師的功能有如一位盡責的好媒人，為書本和「我」牽出了好姻緣。下課時間一到，他也在學生下課的雜沓腳步聲中，一溜煙不見了，因為他知道，自己的責任已經完成。

註釋：
1馬奎斯，哥倫比亞當代小說家、記者、社會運動家，著有《百年孤寂》、《預知死亡紀事》。
2卡爾維諾，二十世紀重要的義大利作家，著有《看不見的城市》。
3史帝文森，出生於蘇格蘭的作家、律師，著有聞名文壇的《金銀島》。

安排讀書的時間

對於書本，學生們除了害怕讀不通之外，另一種要克服的，就是如何將外面的熱鬧世界，與閱讀的孤寂相結合的過渡時期。

當同學們看見老師由他的背包裡拿出《香水》這本書時，同學一開始便認定，森寒的冰山已經在眼前出現！

一旦老師念起書來，同學們卻又親眼目睹，這座冰山開始在他手中融化！

時間一秒一秒地進行著，轉眼間已經讀了四十頁。老師如果能在一堂課的時間內讀完四十頁，那十堂課就可以讀完四百頁，而每星期要上五個小時的文學課，他可能在三個月內會讀完兩千四百頁！一學年內會讀完七千兩百頁！也就是大約七本一千頁的小說！而一切卻只從僅僅每週五小時的閱讀時間開始！

每天悠哉地讀幾頁即可

驚奇的發現改變了一切！這樣算來，要讀一本書很快，只要每天一小時的閱讀，一週內就可以讀完一本兩百八十頁的書！假使每天讀超過兩個小時多一點，便只要三天就可把它讀完！兩百八十頁的書在三天內讀完耶！

那六天內，就可以讀完五百六十頁的書。除非這本書實在是太厚太「酷」了。因此以後每逢星期假日，也要花四個小時以上的時間來讀書。有何不可呢？當爸媽帶孩子到鄉下度假時，如果不帶點書在身邊，其實也會覺得很無聊的。所以，最好帶著一本一百六十頁的書在身邊，隨時能夠準備閱讀。

或者是一本五百四十頁的書？如果一小時可以讀三十頁的話。嗯！這個計算方式很合理。

就三百六十頁來說，不妨一小時悠悠哉哉地讀個二十頁就好。

「我一個星期可以讀三百六十頁，那你呢？」

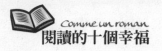

安排固定的讀書計畫

孩子們，算算你們的頁數吧！就連小說家也都這麼做。當他們寫到一百頁時，你們應該看看，對小說家而言，寫到第一百頁好比登上了高峰，他會在內心裡喝上一小瓶酒慶祝，默默跳一小段吉格舞曲，如駄馬一般甩甩頭消除一些疲累，然後繼續再度沉浸在他的筆墨中，進行第一百零一頁（駄馬再次將頭沉浸在筆墨之中，多有力的意象呀！）

算一算你們的閱讀頁數吧！

從讀過的頁數讚嘆起，再朝著當初害怕的頁數繼續。剩下五十多頁！你看看……沒有什麼比這樣的悲傷故事更令人回味的——《戰爭與和平》，兩大冊……而且只剩下五十頁要讀。

放慢腳步吧！放慢腳步，什麼也不要做……

對，但在你的讀書計畫裡，還需要用什麼樣的理由，將每天該讀書的時段刪去呢？和朋友出去？看電視？出遊？家庭聚會？寫作業？太牽強了吧！

閱讀就像談一場戀愛

要怎麼騰出讀書的時間？這是一個很嚴肅的問題。而誰沒有這樣的問題呢？

當人們會捫心自問這樣的問題時，表示他們從未真正做到過。因為，仔細想想，其實沒有一個人有時間看書！小孩、青少年、甚至大人都沒有。因為忙碌的生命對閱讀而言，彷彿一種永恆的束縛。

「閱讀？我很喜歡。但是工作、小孩、房貸等等麻煩事，都讓我抽不出時間。」

「我是多麼想跟你一樣有時間閱讀！」

怎麼能苛求一個離婚的可憐女人，在工作之餘還要買菜、帶小孩、開車、和三個情夫談戀愛、看牙齒、下個星期搬家……像她這樣拚命追逐單身自由樂趣的人，會找時間來看書嗎？

閱讀的時間總是悄悄地飛走。飛走了什麼？這可說是讓一個人活著的義務給飛走了。無疑地，這就是為什麼巴黎地鐵可說是世界最大的公共流動圖書館。因為在地鐵車廂內閱讀的時間，有如戀愛時間一樣寶貴，也可增加「活著」的時間。

假如人們面對戀愛有如面對閱讀計畫表的心情，誰有時間談戀愛呢？然而，卻從來沒聽過，戀人會沒有談戀愛的時間嗎？

回歸最單純的閱讀幸福

閱讀不需要許多時間的刻意安排，而它只要像談場戀愛一樣，隨興之所至即可。問題不在於知道你是否有閱讀的時間（再者，沒有人可以給你時間），而是在於你是否自願去享受當一個讀者的簡單幸福。

唯一能夠和閱讀扯上關係的情況就是：絕對、絕對不求任何回報。別在書本相關知識的外圍構築高牆，別問細微的問題，別給小小的作業，別在讀過的章節中擅加任何字眼，別作任何價值判斷，別解釋單字，別分析文章。最重要是，絕對禁止尋找任何附加價值。

簡簡單單地讀吧！相信你張開眼睛所看到的文字，相信搖頭晃腦時的陶醉，相信人生問題的產生，而且還會衍生出另外一連串的其它問題。不要對書本深感不快，只因它不能馬上學以致用。

請老師們讀讀小說，給那些自認為不愛讀書的學生聽眾聽吧！沒有任何重要的課程，是不需要費心教學的。

有一天，當這些青少年和書本連結上了，他們便會主動追尋小說跟作者之間的路線，作者的出身背景，從閱讀過程中體會到更深沉的感覺。

當所有的一切探究皆完全明瞭之後，學生們便會對洶湧而至的問題，表現出當仁不讓的等待。

「史帝文森是英國人嗎？」

「他是十九世紀時代的蘇格蘭人嗎？在維多利亞女王的統治時期嗎？」

「從西元一八三七年到一九〇一年嗎？」

「維多利亞女王竟然統治了大英帝國六十四年！」

「史帝文森出生那年，她已經統治大英帝國十三年了，然而他比女王早七年死掉。你現在十五歲，女王就是在十五歲時登基的，所以她掌權的晚年末期，你就已經應該是七十九歲了！」

「因此海德是生在惡夢之中的！」這是西西里寡婦所下的評語。小柏驚呆了一下，然後說：

「你、你怎麼會知道的？」

西西里寡婦露出謎一樣的神情，神祕地說：「有人這樣提過……」

然後，同學們一陣私下嬉笑，老師補充說道：

「我甚至可以告訴你，那是一場愉悅的惡夢。當史帝文森醒來時，他把自己關在書房裡，並在兩天內寫完這本書的初稿。當他化身為海德而感到一陣寒冷時，她太太會適時幫他取暖，用盡家裡可拆、可燒的東西及家具！然而，肥胖的女王不喜歡他的初稿，於是他又創造了傑奇……」

走味的書本香氣

然而，光是大聲朗讀出來是不夠的，在講故事的時候，應該給學生們寶藏，將它們鋪陳在無知的海灘上，任由學生自由揀選。讓學生們先嗅出遍地書香，比起其他任何方法，這樣更可以打開他們的胃口。

一位好老師並不自足於把書朗讀出來而已。他還告訴同學們精彩的故事！老師跟學生們講《唐吉訶德》[1]、《包法利夫人》！裡頭也包含許許多多的智慧箴言。但老師總是先把簡單的故事情節講給大家聽。他口中所描述「外型悲傷的騎士」是個不畏命運的叛逆者，如同一具支撐著極其傷痛堅定的骨架！艾瑪呢？她不只是一個被「老讀書架上的灰塵」所淹沒的笨蛋，而是個敢愛敢恨的女性。

老師就如知識殿堂的圖書館員，守衛這塊神聖的地方，所有的書籍皆因他們完善的記憶，而有自己的位置（否則，依照其他人渾渾噩噩的記憶，如何能找到想要的書呢？）他們難能可貴地守著這些井然有序的圖書分類。

但是，如果老師也能夠對迷失在閱讀叢林的訪客，講講自己鍾愛的小說、故事，那就更棒了。如果老師懂得以閱讀的美好記憶，來對這些書的作者致敬，該是一件多麼棒的事情啊！說故事者變成了魔術師，然後，書本直接由書架上，蹦跳到每位讀者的手中。

讓學生閱讀，別擔心教學進度

講一本小說的故事其實很容易，有時三言兩語就可帶過了。

還記得夏日兒時的回憶，在午覺時間，大哥哥趴在床上，兩掌托著下巴，沉醉於一大本「袖珍版的書」。小弟則好奇地問著：「你在看什麼呀？」

大哥說：「《季風》。」

小弟問：「很好看嗎？」

大哥說：「非常好看！」

小弟問：「故事說些什麼呢？」

大哥說：「是個男人的故事：一開始，他喝了很多威士忌，最後，他喝了很多水！」

那年夏天的最後時光，除了深深沉醉在這本由路易・布隆菲所寫的《季風》之外，什麼也不想做。而這本由大哥那邊偷來的書，連大哥他自己都不曾將它讀完過。所有這些書都非常地美，像徐四金、史帝文森、馬奎斯、杜斯妥也夫斯基、卡爾維諾等人的小說。興之所至地閱讀下來之後，這一切所描述的故事，如同一席只為了閱讀樂趣所混雜擺設的文字盛宴。

但是，一談到學校的教學內容，天哪！幾個星期過去了，教學內容卻還沒開花結果。一年的震盪都快過了，教學的成果仍尚未達成。

別擔心，只要課程內容依照「要怎麼收穫先怎麼栽」的原則來上，肯定有結果。再說，老師也不會一整年都以朗誦書本來度過。那……那……為什麼他必須這麼急著要將每一個人那無言且孤寂的閱讀樂趣喚醒呢？

幾乎每次老師開始大聲朗讀小說幾篇章之後，孩子們便急著趕在下一堂課前到圖書館去找出他所讀的那本書，啃食下文。「別把它念完，老師！」孩子們一挑起興趣，便會自動去找書來看。

不，不，老師並不能揮動魔法棒對著書本一點，便將書裡頭百分之百的艱澀處全部改變。的確，在每一學年開始，所有的人都說，我們只要憑著一股熱情和信心，便能克服恐懼。或許學生們讀書是有點為了討好老師吧！

別讓書本從孩子人生中消失

另外，我們也不希望老師一直在焦慮中期待著，因為打鐵就是要趁熱。老師總是在這方面非常有經驗的！但是學生們突然讀得太認真，在一股讀書氣氛的驅策下，整個班級雖然表現得有如一個大整體，但是其中畢竟包含了三十多個截然不同的個體，不意味著閱讀此事能夠一蹴即成，或說每一個學生就會開始喜愛閱讀。

換言之，學生們是否希望趕快去閱讀小說？還是因為書很好讀？什麼才叫「很好讀」的書？《罪與罰》很好讀嗎？比《異鄉人》[2]好讀，還是比《紅與黑》[3]好讀？

不，首先，它們不是課程安排中的小說，但它們對西西里寡婦的其他小同伴而言是無價的書。但這些書很快地讓那些由「道德權威者」所挑選的其他教科書替代，那些只為了提昇學生文化理性素質的教科書，顯得非常的無味。可憐的教科書，很明顯地它沒有任何目的。難道是那些教科書索然無味嗎？不，別開玩笑了。學生們唯一的擔憂，是讓課程裡所安排的文章「失去了味道」；擔心自己不了解的地方；擔心答非所問；擔心不了解文章裡的弦外之音；擔心眼前所面對的法文好似不透明的物質。再也沒有任何事情像書頁行間全部錯亂，而必須在字句間釐清意義更令人擔憂的了。

為什麼所有學生都將課程所安排的教科書，拒於千里之外呢？其實那些教科書和其他書一樣好看，不是嗎？甚至比所有其他故事還美。

但是課程卻被學校生硬地安排如下：論說技巧、文章分析、論述批評寫作、節錄摘要及討論、所有改寫的格式技巧。在考試當天，學生們已經不會滿足於閱讀的自娛性了，而只是會將他們所有的了解，及重要的「為了解課文所做的努力」機械式地呈現出來。

學生們只是膚淺地了解到「如何進行」，了解到「描述週遭」的方法和藝術，如何讓考試及腦力競賽市場更具意義。不用多解釋，這就是上學所要實現的目的之一。

在考試的題材上加入「了解文章」的可能性，就是必須知道別人到底要我們了解些什麼。一篇「了然於心」的文章，有如一篇經過智慧協調過的文章。這是當年輕的應試者悄悄地瞄了主考官一眼，並且從他的臉上察覺出一筆筆心照不宣、互蒙其利的交易。

然而所謂的「壞學生」，通常如我們所想的，不過是個在教學體制下、悲劇性地不小心摔了一跤的小孩。只因為，他的小腦袋瓜裡找不到任何主考官所期待的東西。不久後，這個「壞學生」便馬上開始對讀書感到困惑，父母卻只能無奈地把他丟回給學校。

很快地，他又開始覺得自己是讀書的低能兒，他開始覺得閱讀對他而言，是一種菁英分子才能辦得到的行為。然後，他開始拒絕書本，並且覺得他悲慘的一生，只能淪落到絕對無法回答出別人問他有關書本的一切。書本從此消失在他的人生中，與他完全絕緣。

註釋：

1《唐吉訶德》，西班牙作家賽萬提斯的代表作，在歐洲長篇小說發展中佔有一席之地。

2《異鄉人》，法國存在主義作家卡繆的代表作之一。

3《紅與黑》，法國作家司湯達的代表作之一。

那道可怕的知識高牆

知識、學識、職業，和社會生活是一回事；閱讀的內心活動、人們的內在文化則是另一回事。社會上確實需要製造學士、碩士、在試場上過關斬將者及行政官僚學者……但更重要的，該是讓所有的書本受到這些人的關愛，一一地翻開閱讀。

在這些人學習的過程中，人們要求這些人在高中時代開始做批評註解及分析的作業，而提供這些作業的文學教科書總編目，足以開設一家超大型的書店。

大家拚命要青少年談論一本著作，以學會溝通為美名，結果卻往往適得其反。對青少年談論一本著作，然後要求他們寫出內容評論，聽起來似乎「有用」，卻混淆了最終的目的。**閱讀，目光最終該放在書上。書本一拿到手上，讀書人擁有的第一個權利，就是靜心潛讀。**

在新學年度開學的前幾天，老師應該試著讓學生描述一下圖書館。不，不是市立圖書館，而是圖書館裡的那些書架，那些能夠擺放書的書架。可是學生們向老師描繪的，往往是圖書館的牆壁：那道知識的高牆。書本被大量豐富地整齊排列著，讓人絕對無法穿透般，抵著一層阻隔，讓人們只能反彈回來的高牆。

那些在同學當中最受人尊敬的好學生跟老師說，他覺得在圖書館中，自己好像是一個無所不能的上帝。他以一種經常性的獨居，且以全然的寧靜，坐在堆積如山的書本上，去吸吮其中的意義，直到了解所有事物的來龍去脈為止。就像一個原本自閉的人開始深深地被書本吸引，而全然拒絕敞開生命裡所有的其他門窗，他的生命從此只有書本。

某些「學院派」的書呆子則認為，為了增加知識及磨練他的明辨是非能力，一個讀者必須從書中感受到一些受用的方法。有些學生則節錄書中一些不同的言論侃侃而談，但沒有一個人，沒有任何一個人願意去描述他自己，或是圖書館中其他人，或他家中某一個人，或無數讀者中某個活生生的人，那些他們在地鐵裡擦身而過的人。

當老師要他們去描述一本書時，好像一架幽浮被放在教室裡一樣：喔！多神奇的東西呀！但實際上卻又無法形容這些書。

看起來它的外型是如此令人不安的簡化，而且它的功能又是具有衍生再造的多樣性：一個「奇妙的身軀」，擁有所有權力，同時也具所有的危險。這神聖的事物，被人細心照料且尊重著，以令人敬重的姿勢被人擺放在完美無缺的圖書館書架上，正為了讓一群帶著謎一樣眼神的愛慕者如聖物般的尊敬、膜拜、供奉著。

讓書本成為每個人的內在

很少有東西能像書本一樣，沉浸在其中，讓人有種絕對的獨占感。落到人們的手上之後，這些書便成了人們的奴隸，而奴隸卻從未想過要獲得解放。書本能忍受人們對它最壞的對待，及最溫柔的愛撫、或最難以忍受的暴力。

像是人們喜歡折起多不勝數的書頁（喔！多殘忍，每次總會看到書頁被折起！「但要這樣，我才知道讀到第幾頁啊！」）。除了人們把手上的咖啡放在你這本書的封面上之外，還有那些刺人的光暈，那些食物的油漬……人們甚至也在你身上到處留下了指印，而且當人們閱讀時，也是用同樣這隻手指，來填塞煙斗裡的煙草。

然而，最後那些書本的命運，卻如死鳥般散落在床底下，一堆堆地散棄於閣樓的倉庫裡。這些可憐的童年讀物已經沒有人會再讀它了，它們被放逐在沒有人會再去的鄉下小屋，或是廉價賣給河岸邊的奴隸書商販子。雖然人們可能對書忍受了一切，但

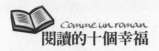

是看看別人虐待書的方式，卻讓自己感到好難過。

閱讀讓書成為我們的一部分

不久之前，有人就親眼看見一位讀者自信滿滿地開著車，然後把一本巨大的書從車窗裡丟了出來。他應該花了不少錢買這本書，但是對這本書的批判方式卻是如此強而有力，這本書可能讓他非常失望。

另一則更悲慘的例子則是：阿爾貝．多摩拉維亞及艾爾莎．摩蘭特，曾非常害怕地躲在牧羊人小屋裡好幾個月，只為了保護《聖經》[1]及《卡拉瑪助夫兄弟們》[2]這兩本書。可是二個人在內急時，卻一直找不到衛生紙，最後只好考慮在這兩本偉大的著作中，選出哪一本可拿來當衛生紙用？如果必須這麼殘酷的話，一次選擇就是一個生命中的抉擇，那他們所選擇的，就是其中一本即將死亡的靈魂。

當人們讀完一本書，它就屬於我們的了。正如孩子們所說的：「這是我的書。」**書本所敘述的，也就是成為我們自己內在的一部分。**毋庸置疑地，這就是為什麼我們這麼難將別人借給我們看的書歸還。難道不就是想要偷竊嗎？

借書是一種所有權的轉移，或者更明確的說，**是一種心靈物質的傳遞**：這個物質原本屬於他人所有，而今卻轉成我的所有，只要我的眼睛「吃」了這個物質就行了。而且，依照我的觀念，如果我愛上所讀的一切，我就很難將它歸還他人。

各式奇怪的書籍包裝

上述都是一些奇怪的人對待書本的方式罷了，即使是一些專業愛書人士，也不見得會做得比他們更好。然而，出版商和印刷廠卻挖空心思，試著將書本的邊紙裁切到接近文字的部分，好讓那些袖珍本在收藏時，能顯得更實用些（一頁書如果沒有了四周的空邊，裡頭的字體感覺上好像受到壓縮般蜷曲在一塊兒，真是委屈）。如果他們將一本內容文字不多的書，像吹牛一樣大肆膨脹，那這本看起來質量並重的書，就能讓讀者相信是真正物超所值（文章的排版鬆散，及太多的空白，顯得字句言之無味）。

或者是在書本的外表，包上「輕巧迷人的封面」，讓鮮豔的顏色及斗大醒目的標題，接續排到約一百五十呎長的：「你讀我了嗎？你讀我了嗎？」再幫它召開盛大的新書發表會，裝模作樣以「高級的」出版社名義替書本促銷，正因為人們用了鑲金邊及打凸上亮光的假封皮，來包裝一本書。

在爆炸性消費的社會，書本這樣的產物，也同樣被當成飼料雞一樣細心地照顧著，反而比較少被當成核子武器般一樣地用心發展研究。再者，這隻瞬間長大的飼料雞，如果我們用它來跟其它上百萬本、一個星期內所寫成的八卦暢銷書籍比較——只因為這星期內發生了英國女王弄斷她的煙斗，或美國總統即將被迫下台等新聞事件，我們覺得它或許會在寫作上，比這些八卦暢銷書籍需要付出多一點點的努力。

基於這樣的觀點，書本終究只是一種不折不扣的消費品，隨時會在瞬間即逝。如果書賣得不好，馬上就會被出版商封殺，堆放在書店陰暗的角落，通常它會因為沒人讀而宣告死亡。運氣好一點的書，或許還有可能被拿來當再生紙加工製造的機會吧！

註釋：

1《聖經》：基督教的《聖經》分成《舊約》和《新約》兩部，被翻譯成多種各地語言，堪稱為全世界最暢銷的一本書。

2《卡拉瑪助夫兄弟們》，俄國作家杜斯妥也夫斯基的長篇小說作品之一。

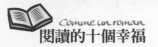

快樂閱讀小祕訣

1看著書本而睡著，也是閱讀過程中一種絕佳的樂趣。

2小說中真正的樂趣，源自於發現一段心領神會的互動關係：在作者和「我」之間。孤獨的文字，讓「我」被書中沉默孤寂的聲音所招喚，使文章能重新復活。

3閱讀，目光最終該放在書上。書本一拿到手上，讀書人擁有的第一個權利，就是靜心潛讀。

4書本所敘述的，也就是成為我們自己內在的一部分。

5借書是一種所有權的轉移，是一種心靈物質的傳遞。

第四部

關於閱讀的十大權利

普及大眾的閱讀十大權利

說完了書本的部分，讓我們進行到關於讀者權利的部分吧！

在閱讀時，除了有教育上的因應方式，讀者也該有其自己的讀書方式。對於閱讀，我們希望能享有以下的權利，但其中的第一點，反對讓所有年輕學子自以為是地解讀。

1. 我們有權不讀書
2. 我們有權跳頁閱讀
3. 我們有權不讀完整本書
4. 我們有權一讀再讀
5. 我們有權什麼書都讀

6. 我們有權進行包法利主義的閱讀
7. 我們有權在任何場所閱讀
8. 我們有權隨手抓本書來閱讀
9. 我們有權大聲朗讀
10. 我們有權保持沉默的閱讀

這裡刻意列出十點，首先因為覺得這是一個圓滿的數字，再者，因為這也是著名「十誡」的神聖數字，感覺能以十點寫出充滿威嚴的權利宣言，還真是令人歡喜。

如果我們希望兒子、女兒及年輕人們開始閱讀，那可能要在他們之間，盡快傳遞這些大眾普遍都認同的權利。

一、我們有權不讀書

閱讀的權利，就如同所有重要的權利義務條例，第一條就該開宗明義道出有不行使的權益──即「不讀書的權利」──沒有這一條，就不能叫權利宣言，而是種巧取豪奪。

大部分的人，每天都很會盡情享用這不讀書的權利。在一本好書與一部壞影片之間，往往我們會寧願選擇被壞影片拉走。雖然心裡面常常發誓要好好看書，但是我們通常還是棄書本而去。我們看書的階段，通常是以長期性節食的餓肚子方式，一點一滴地進行，也因而常常感覺到書中有些東西，一直還未被消化完全。

但最重要的是，人們的心思主要放在別的事情上。

有書者不一定愛讀書

我們週遭環繞著許多令人佩服到五體投地的人，有些是碩、博士，有些是「名人」——他們有些甚至坐擁非常棒的書房——但問題是，他們從不讀書。

正因為他們不讀書，或許應該說，他們根本打從心底就認為他們沒有讀書的必要，也可能是他們有太多其他的事情要做（但又是同樣的情形，那些所謂「其他的事情」佔據了他們的讀書時間，耗費了他們所有的精力），還是說他們較熱衷於別的事情且完全地投入其中呢？

簡單地說，這些人就是不愛讀書。這群不愛讀書的人並不會難以親近，反倒和藹可親的居多。至少，他們不會追根究柢地詢問我們對最近閱讀書籍的意見，探聽我們所偏愛的小說家，或在聽到我們沒去讀最近大大有名的書籍，就在心底暗自嘲笑。

這些人都和喜歡讀書的人一樣有「人性」，對世界上的不幸非常敏感，關心「人權」，並在他們的個人範圍裡付出影響力，這樣已經不錯了——只是，他們就是不讀書。針對「閱讀是有人性的活動」這一點來看，他們確實享有不讀書的自由，即使在心情沮喪消沉時也一樣。當然，我們不得不承認，看過契柯夫的書後，人們往往會變得更有「人味」，少了那份遺世獨立的孤寂感。

因此，過去我們總把不讀書的人當作粗人或愚痴智障的人，這個觀念是不對的。

不要被書本放棄

照上述這種想法，閱讀會把人限制在禮教的約束中，一旦進入這層約束，人們便會開始去評斷書本的「道德」感，而不尊重書本最基本的權限：創造的自由。如此一來，不論我們身為何種類型的讀者，都多添了份世俗氣。

教育的義務其根本就在於：為孩子們讀故事，帶他們進入文學的世界，教他們自由去判斷世間真偽，而不管這一切是否符合書本的需求。我們寧可接受不讀書是菁英分子放棄了閱讀（不論想法多麼令人難以忍受！），也不要讓書本拋棄了他們。因為被書本放棄，即使是不重要的書，都是件悲哀的事，絕對是封閉在孤寂中的孤寂。

二、我們有權跳頁閱讀

我第一次讀《戰爭與和平》的時候，大概是十三或十四歲。我想比較可能是十三歲，大約國中一年級時；但這樣的年紀讀這樣的書，好像有些過早了點。

假期一開始之後，我看到哥哥很努力地讀著這二本大書，他的眼神變得如此地遙遠，好似探險家的深邃眼神，因為經年長期漂泊在外，早已對自身成長的土地和故鄉失去了關懷和感情。

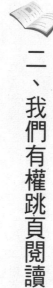

「這本書真的很棒嗎？」

「好得不得了！」

「故事是說些什麼呢？」

「是關於一個女孩的故事。她愛上一個男人，可是最後她卻嫁給了第三者。」

我哥哥總是有辦法從書本內容中，擷取故事大綱。如果出版商能商請他撰寫書的封底文案（也就是那些為了激發讀者內心想去讀這本書的慾望，而印在書背上的漂亮燙金文字），每本書肯定都會大賣。因為他能夠替我們節省時間，去除閱讀書本時會碰到的一些無謂的冗話，讓讀者一眼看到書本的重點。

哥哥將這小說借給我看。那時我還是個寄宿生，所以這對我而言，可說是無價之寶。在整個學期裡，我非常熱衷於閱讀這兩大本書。我哥哥大我五歲，他不全然是個笨蛋（而且他也不會變成笨蛋），因此他認為《戰爭與和平》這本書並不只是一部曲折的愛情故事。他了解我內心所熱衷的閱讀品味，所以他懂得以擷取大綱敘述故事的形式，來激起我的好奇心。

「一個女孩愛上一個男子，但最後卻嫁給了第三者。」我不相信誰能抗拒得了這樣的感人劇情。事實上，長大後的我並不因為哥哥當時完全搞錯了劇情，而感到沮喪。其實故事真正的情節是：有四個人同時愛上了娜塔莎，包括安德烈王子、安納多的逆子（但那算是愛嗎？）、皮爾貝茲可夫，還有我。

敢情說來，我與其他人不同之處，就是我沒有任何機會可以愛上娜塔莎（我不是指安納多的逆子，不過，那傢伙真是個不折不扣的混蛋！）。

選擇喜歡段落閱讀的樂趣

回想起來，夜晚的閱讀是多麼令人玩味，在街道微弱的燈光下，我的被窩如帳篷般處於宿舍正中間。而身旁五十個正在作夢的同學，偶爾有人打呼，有人踢被翻身，說著夢話。舍監的房舍裡流洩出微弱的光亮，近在咫呎。

我手中感受到這些書冊的厚重，雖然這已經是袖珍本了。而我的心情有如梅爾菲瑞，因熱烈追求愛情，而略微疲憊的沉重眼皮，就為了揣測捉摸奧黛莉赫本[1]所散發出的每一分喜悅。

我跳過書本的四分之三，就因為對娜塔莎的心事感興趣。同樣地，我也抱怨過安納多，但是當波羅迪諾戰役中有人正要砍掉他的雙腿時，我曾乞求站在這傢伙面前的安德烈王子，發揮慈悲心救救他。我喜歡愛情及戰爭，不過我跳過政治意味濃厚及充滿陰謀詭計的篇章。我只會緊緊跟著皮爾先生及他太太艾琳失望的心理轉變（我覺得艾琳真的很沒良心），而讓托爾斯泰獨自去論述俄羅斯長久以來的土地糾紛問題。

什麼？我跳過了某些頁數！沒什麼大不了，所有的孩子都該這麼做的。大概那些難以接近的偉大人物們，幾乎全在他們這樣的年齡裡，都曾做過這樣的事。

如果這些偉大人物在小時候想要讀《白鯨記》[2]，但他們又因為對捕鯨常識一無所知而感到沮喪，這時他們不該放棄閱讀，只要跳些頁數，讓閱讀視野由頁數上凌空而過，就能緊跟著主角阿夏伯的行跡，而不用管那些接下來的頁數。就像他追尋自身生與死的意義一般！

如果他們想認識依凡、迪米奇、卡拉瑪助夫兄弟，以及他們那不平凡的父親，他們只需要翻開並閱讀《卡拉瑪助夫兄弟們》，並且跳過「史塔瑞特精神冥想式」的宣示，或「大審判官傳奇」這一段。

如果他們不知道該如何取捨、跳過多少頁數時，有一種極大的危險馬上就會伺機而動：其他的頁數隨即會取而代之。他們會自動配備無知愚昧的文字大剪，並裁剪掉所有對他們而言太「難」的篇幅。

結果是很恐怖的。《白鯨記》或《悲慘世界》[3]被縮減到一百五十頁的故事大綱摘要，內容也被大幅修剪、破壞、萎縮；將自己所做的「劇情改寫」，以三言兩語帶過，讓人誤以為是他們自己說出來的話！

再者，如果我們討厭去證明自己已經「長大」了，為何卻還是經常會在看書的時候跳頁，就光只是為了挑選自己認為所適合閱讀的段落？我們很少把書讀到最後一個字，卻同時批評作者為何要把內容寫得那麼多？

反正在某些片段中，作者一溜煙地不見人影，毫無留下任何交代的隻字片語，而在某些章節，他卻不斷地重複某些無聊的蠢話。但無論如何，我們所加諸在自己身上的這個頑強敵人，其實並非是閱讀的正常「作業順序」，而只是我們閱讀樂趣中所進行的小小項目之一。

註釋：

1 奧黛莉赫本，知名的音樂劇和電影女演員；共演電影「戰爭與和平」的演員梅爾菲瑞是她的第一任丈夫。

2《白鯨記》，美國小說家赫曼．梅爾維爾根據自己的經歷所撰寫的作品。

3《悲慘世界》，法國小說家雨果所撰寫的長篇小說，是十九世紀著名的小說之一，曾被改編為音樂劇。

三、我們有權不讀完整本書

有千百個理由，可以讓我們把一本小說在讀完它之前丟開，可能是因為這個故事令我們不再感興趣，或者是我們完完全全反對作者的觀點，亦可能是一種毫無來由的腦筋空白，讓人的思緒離書更遠。然而，去細數其他三萬五千九百九十五個不讀完一本書的理由是毫無意義的，但是這些理由當中卻包含了「找牙醫洗牙」、「受到人事行政部門主任的欺凌」等等千奇百怪的項目。

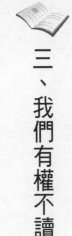

總之，在我們放棄閱讀一本書的所有理由當中，有一個理由是最充分的：因為看不懂。

人們翻開書、讀著它、卻馬上自心中湧現一種有些東西「比自己強」的感覺。人們集中精神，試著與書中的文字抗爭，但卻毫無用處，最後只是深深感覺到，這本書所寫的內容真的很值得閱讀，但你仍一無所獲——甚至可說是只有一點點略懂皮毛罷了——之所以你會自覺於如此「見外」於書本的原因，正因為你一直無法順利進入書中的世界。

所以，人們就這麼放棄了。

尋找重讀書的樂趣

你將它們棄於一旁，把它放到書房裡的架上，它們絕望地等哪天你會再回頭來讀它們。安德伊比冶利的《彼得堡》，喬伊斯和他的《尤利西斯》[1]，瑪爾柯羅利的《在火山下》[2]……已經在書架上等你好些年了。還有其它的書在等著你，有些書可能你一輩子也不會再讀它。

這並不悲哀，事情原本就是這樣。就閱讀而言，有一定的「成熟」年齡，這想法說來奇怪，卻是如此。雖然說直到某個特定的年齡之前，有些讀物就是不適合當時的我們閱讀。但是，**書本與好酒不同，不會自己發酵變得香陳。它只能等在書架上，等人們自覺「夠成熟」，才會再一次打開書本。**結果是：要不是和書本產生相遇重逢的喜出望外感覺，不然就是感到再次的挫敗。或許我們會再次嘗試，或許便再也不想，但這確實不是書本的錯。

令我們卻步的偉大鉅著，不一定比其他書籍還要難讀。每一本書必然有其偉大之處，然而我們卻自忖能夠全然了解它，只是腦中的化學變化卻全然反應不過來。我們可以這麼想：或許自己還有不足之處，無法體會作者的用心，又或者這只是品味的問題，直接換別本書就好了。

給予孩子不讀這本而換別本的建議時，必須要小心謹慎。因為你可能會破壞孩子另一種難得的閱讀樂趣：重讀書籍，試著了解當初為什麼不喜歡的過程。即使這種罕見的樂趣，一開始可能會以大聲叫囂的吶喊起頭：

「誰會喜歡司湯達寫的書啊？」

就是有人喜歡。

註釋：

1《尤利西斯》，愛爾蘭作家喬伊斯所著，這本是意識流小說的代表作。

2《在火山下》，英國作家瑪爾柯羅利的作品。

四、我們有權一讀再讀

讓我們重新讀起那些我們第一次就丟棄的書，仔細重讀而堅持不跳過某些片段。重讀那些篇幅，只是為了證明一些心中的疑問，而一讀再讀。對！我們贊同一讀再讀的權利。

但我們絕對不求任何回饋地一讀再讀，全為了再度溫存書中文字的樂趣。為了重拾某位文壇祭酒思想菁華的喜悅，及證明內心原有想法是對或錯的一種堅持與執著。

記得孩子們曾對著我們說：「再讀一些，再讀一些……」大人們的重新閱讀，就是如同這樣的相同渴望：一種亙古的心領神會，深深吸引著我們，而當我們每次一發現了它，都讓人覺得它是如此的豐富且令人擁有全新美好的感覺。

五、我們有權什麼書都讀

關於何謂是高尚閱讀品味的問題，其實很難界定。到底什麼是好的小說，而什麼是壞的小說？如果人們不著眼於文學層面的討論問題，而只著重於道德層面的觀點，那麼整體看來，「品味」可以用以下簡單的幾句話來表達——每個人有權寫自己想寫的東西，而**所有讀者的鑑賞品味，全出自於自然天性的認同！**

姑且不管是否有好的小說或是壞的小說，市面上依然存在著許多我們所謂的「制式化工業文學作品」。這些「制式文化工業產物」不斷地以其一貫的自滿態度，製造著同一種風格的故事，愚昧地描述著一連串陳腔濫調的劇情，販賣著優美的情節及強烈的做作感動，跳躍於各種設定好的「為賦新詞強說愁」之上，以機械式來回的人物衝突，運作勾勒出幻想境況中的肥皂劇情節。

這些「文學」自列於各種作為瑕疵劣質品的販售市場，依照出版市場的「行情趨勢」量販陳售。這樣類型的「文字加工貨品」被許多有識之士認為，將會全然毀掉喜歡這類型讀者的「品味」。

的確，這便是所謂的壞小說。

為什麼？因為這些作品並非是一種創作，而是一種事先奠定好形式的文化複製。因為它們只能算是一種簡化形式的寫作活動（也就是遐想而已）。而當小說是真實的藝術時（也就是複雜化的過程時），正因為要直搗人們內心世界的深層反應，便反而將人們的好奇心催眠了。最後，特別是因為作者「不見了」，而他想要告訴我們的事實也「不見了」。

簡單地說，為了讓人們能陶醉其中而書寫的文學，才是精雕細琢的傑作，並且能引導我們也走入需要細細感受品嚐的世界裡。

順從閱讀好小說的慾望

關於文化工業化的現象，千萬別覺得這些蠢事是最近才發生的，一點也不是。一個故事中若缺乏作者的真實情感，其中所感受到的陰鬱、寒冷，遠不下於冬天所帶來的淒涼感覺。只要提及兩個例子——中世紀騎士小說、浪漫主義文學，我們便可以了解所以然。

這些書中有些不幸的感覺是很好的，對於這種內容曲折的文學體例，我們認為有兩本書應該算是世界上最美的小說：《唐吉訶德》及《包法利夫人》。所以有著「好」的小說及「壞」的小說。

但經常在我們閱讀的道路上，總是先找到第二者。

確實，這是我自己歷經的過程，我仍記得在小時候，一直覺得那些「文字加工貨品」真的是「非常好」的書。我的運氣真好，當時別人並沒有嘲笑我，也沒有人因反對我看這些書而對天嘆息，也沒人當我是笨蛋。別人只是在我的讀書過程中，試著指點我讀幾本「好」的小說，同時叮嚀我不再去閱讀那些壞小說。

有一段時間，人們會將好的和壞的小說混在一起讀。同時我們也並未放棄兒時所閱讀的東西：一切全混和在一起了。我們放下了《戰爭與和平》，卻投入《綠色書房》。我們從《阿勒貢全集》（英俊醫生及令人尊敬護士的故事），到波里斯．巴斯德那克的《齊瓦哥醫生》[1]——他也是位俊帥的醫生，而拉蕊小姐也是一名令人尊敬的護士。

不知不覺中，我們的慾望逼著我們去挑選好的小說來看。我們選作者、挑文筆，直到找到閱讀遊戲裡唯一的同好，才真正宣布答案。那些吸引人的「壞」小說已經再也無法滿足我們。除了讓我們在情感上得到立即及額外的滿足之外，也是我們該對小說提出其他要求的時刻了。

註釋：

1《齊瓦哥醫生》，蘇聯作家波里斯．巴斯德那克的知名代表作之一。

六、我們有權進行包法利主義的閱讀

何謂「包法利主義」？簡單地說，就是指人類情感上所得到的獨特又立即的滿足：想像力飛揚、神經顫動、心情悸動、腎上腺擴張、來自各層面的辨識活動開始運轉，及腦內同時點燃每日浪漫情懷的時候。

通常這是讀者精神狀態中，頭一遭所體驗到的甜美感覺。

但常常令人感到害怕的是，那些成年的觀察者，最常自擾於如何呈現「好書」給年輕的「包法利主義者」看，同時還會主觀地分析，讀了熱血奔騰的書有哪些問題，這下便中了冷眼旁觀的莫泊桑下懷。

冷靜點，別對「包法利主義者」讓步。終究，艾瑪只不過是小說裡的一個角色而已；也就是說，她只是個感情用事的虛幻文字產物，乃由福樓拜種下的因，出版商和印刷廠所結出的果。

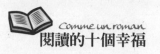

換句話說，年輕女孩不會因為蒐集阿勒貢的書，就會像艾瑪一樣吞下毒藥，結束自己的生命。

喚醒閱讀的第一份悸動

不慎再次忽略了我們自個兒的年少輕狂，在這階段的閱讀中，忘了把我們的思緒強制和艾瑪抽離開來。在閱讀時我們私下擁有無與倫比的喜悅，但明日醒來時卻變得失落惆悵；年少的憂愁畢竟是屬於我們人生的一部分。

由此怨恨、鄙視、忽略或是單純地只想遺忘我們曾有過的年少輕狂——年輕時那十分病態的要命想法。

因此，我們有必要喚醒我們閱讀時的第一份悸動，對過去閱讀過的書籍獻上敬意，即使是一本愚蠢至極的書也好，都是屬於年少時的回憶。它們在我們生命中扮演著無比重要的角色，讓我們感動得又哭又笑，而那些和我們一起分享過美好生命的書中角色，確實也在被我們閱讀的時候，獲得了尊重與溫柔的呵護。

再者，「包法利主義」的閱讀心境，其實也是世界上最容易分享的感受——但我們總喜歡事不關己地把它驅逐出境。當我們長大後，一邊唾棄年少時對閱讀的愚蠢心境，一邊卻又追隨著電視作家的作品，一旦作品過氣後，又甩到一旁報以冷嘲熱諷。這種對文學追逐的三分鐘熱度，正足以解釋當年自己為何會有如此明顯而過度的虛耗熱情；或者，為何我們會一再地忽略自己本身具有的判斷能力。

讀者總以為自己不會錯，頭腦總是清清楚楚；花時間來說服自己，包法利夫人永遠是別人，不會是自己。

難道艾瑪也該分享這樣的信念，才不會一錯再錯？

【譯註】「包法利主義」法文原文為bovarysme。這個字的解釋是指那些對現狀不滿足，對自己有著不切實際的浪漫幻想，想進入另一種想像中以外的不同人生，扮演著虛幻不實的角色。

七、我們有權在任何場所閱讀

在一九七一年冬天，位於夏隆胥瑪恩這地區，有一個重裝武器技術學校的營區。清晨的勞動服務，某個二等兵（入伍代號14672/1）自願肩負著最乏人問津、最無趣的、通常是用來處罰人的，而且以被弄濕為羞辱的工作——掃廁所勤務。

但是每天清晨，他卻總是帶著一份同樣的笑容，內心暗自竊喜地來到廁所。

他滿心歡喜地抓起上頭掛著粗麻布拖把和掃帚，好像舉起部隊的小旗子一樣，消失無蹤，逃離了部隊的管束。真是大膽，而且沒人跟蹤他。整個部隊士兵零零散散地分批去從事各項比掃廁所更榮耀的偉大勤務。

時間一分一秒地過去了，別人覺得他消失了，幾乎忘了他的存在，直到早晨結束之前，他才出現，一邊靠腿站直跟副隊長報告：「報告副隊長！廁所打掃得乾淨無比！」而副隊長從不曾用過如此疑惑的眼神將掃帚及拖把收回（對人必然的尊重）。

士兵向他敬禮，半轉過身，帶著他自個兒的祕密離開。

他軍服右邊口袋裡的祕密，的確是挺有份量的：一千九百頁的份量，是布雷雅德出版社所出的《尼古拉果戈爾全集》[1]。清晨四分之一的打掃時間他都用來讀它。入冬兩個月以來的每個清晨，他很舒服地坐在廁所裡兩列接連並排的馬桶上，獨自翱於書中隨時會發生的軍事戰爭之上。從果戈爾懷舊思鄉的烏克蘭晚宴，一直看到令人發噱的新彼得堡人，中間跳過恐怖的達拉斯布達，及死者的靈魂那類黑色喜劇，同時沒漏掉各格爾這「偽君子」所寫的戲劇及書信。

按照果戈爾的想法，是「偽君子」創造了莫里哀——這位士兵可能無法想像如果他把掃廁所這「肥」差事讓給了別人，會是如何的不甘願。部隊裡最愛的就是表彰軍事成就了。

因此廁所牆上有兩段亞力山大詩體的詩句，被這位士兵高高刻在沖水箱的正面上，記載著法文詩句裡最曼妙的菁華：

嗯！容我坦承，請坐下來，教導自己。
並確定你在茅廁裡讀完我的果戈爾。

註釋：

1《尼古拉果戈爾全集》，俄國作家果戈爾所著。

八、我們有權隨手抓本書就閱讀

我抓，我們抓，請大家隨手抓了書就讀。

這是我們早就協議好的，允許每個人從書房或圖書館裡抓著任何一本書，在任何地點翻開它，在某段時刻裡沉醉其中，只因我們不需要確切地去規範該在哪個時刻裡閱讀。

有些書比其他的書更適合隨意閱讀，因為書中的每篇文章言簡意賅、段落分明；像《伍迪艾倫全集》、卡夫卡或沙奇的記事錄、惠特曼的《草葉集》[1]、老好人拉霍胥·福科[2]及其他大部分的詩人……

也就是說，我們可以隨時隨地翻開普魯斯特、莎士比亞、或者是黑蒙·桑德勒的書信全集來讀。讀讀這兒、念念那兒，一點也不用冒著可能會失望的危險。

既然我們沒時間也沒方法，讓自己在威尼斯待上一個星期，那何不在那兒待上五分鐘就好？

註釋：

1《草葉集》，十九世紀美國詩人惠特曼的代表作。

2 拉霍胥．福科，法國十七世紀古典主義時期深具影響力的知名文學家之一。

九、我們有權大聲朗讀

我問她：「小時候，有人會為你大聲讀故事嗎？」

她回答我：「從來沒有過。我父親經常到處旅行，而母親總是太忙了。」

「然而，你從哪裡學來這樣的喜好，喜歡大聲念出聲音？」

「從學校學來的。」

很開心有人再次肯定學校的價值。我很高興地叫道：「啊！你總算了解學校的真正意義！」

「才沒有呢！學校禁止我們讀出聲音來，要我們只能默讀，這已經是大家當時的共識。直接由眼睛進到腦海，瞬間就得理解。閱讀講求快速、有效率，每隔十行字還會有問答題要寫。一開始就要我們懂得膜拜分析與評論！大部分的孩子都很害怕，這還只是剛開始呢！要知道，我寫的答案都是正確的，但是我一回到家，就會把書本攤

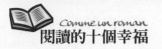

開再次大聲朗讀。」

「為什麼？」我問道。

「為了感受書本。朗讀出來的字開始浮現在我自身以外的世界，真正地活躍著。然後，我感覺到這是一種愛的行為，也是愛的本體。我總覺得只要人喜歡書，書就會喜歡你。所以，我會把我的洋娃娃放在床頭，代替我的位置，然後我念故事給洋娃娃聽。最後，我總是在它們腳邊的毯子上甜蜜地睡著了。」

我聽著她說，我聽著她的話語，好像正在聽詩人迪倫湯瑪斯[1]說些什麼，抱怨著他有多失望，同時以最悅耳動聽的聲音，朗讀著自己的詩……

我聽她繼續說，彷彿看到了老朋友狄更斯[2]，他形銷骨毀、面目慘白，幾乎快要死了，但還是如期交出了他的劇本。他那一群文盲聽眾突然靜止不動，現場安靜到可聽到有人翻開了書本的聲音：《孤雛淚》、《南西之死》……他念給我們聽的書正是《南西之死》！

朗讀能幫助表現自我

這樣大聲朗讀的習慣消失得真是莫名其妙。關於這點，杜斯妥也夫斯基會想起什麼呢？而福樓拜呢？在把字塞進腦袋之前，他是否更有權利把這些字眼先在嘴裡細細咀嚼一番呢？用耳聆聽？然後聽它的聲韻？是否有贅字？然後，再考慮使用這些字眼的文學素養？

直到福樓拜把他的《包法利夫人》書中內容分出章節？他是否尚未完全決定哪一種安排會比較好，才能夠將書中的智慧，藉著文字的「聲音」，把所有的意思表達出來？就像每個人講話一樣，通常得試著排除許多不恰當的音節，以符合音調諧和的絕對性。然而，文中的意思是可以被「發出聲音」來的嗎？

享受書頁中的寂靜，的確是件令人感到舒服的事，我們也不用再擔憂狄更斯會因一場為大眾朗讀的演出，而過度疲累致死。書頁和它自己，所有的字在我們心智中那溫柔的廚房裡堵塞著，就像是我們自覺有人默默編織著我們的評論一樣！而且，除了我們自己去批評書本之外，我們不用擔心被它批評的危險。於是，當聲音嗡嗡響起，書本便透過讀者傳達言語：書會把一切說出來。

一個讀音清脆悅耳的人，能夠絕對完整地表達自己。如果他不知道他在念些什麼，那他在他的讀音中會被完全忽略，這是個祕密，讓人可以聽到的祕密。

如果他不願進入他的閱讀世界裡，讀出來的字依然是死的。而且我們可以感受得到，如果他因為他的存在而堵住了文章的進行，作者會想辦法讓他專注其中，這是相互影響的，而我們也看得到這一點——一個讀音清脆悅耳的人，能夠在聽他閱讀的人耳中，絕對完整地表達自己。

如果他真正用心地讀著，那他會把他的知識與樂趣融入其中。而他的閱讀如同作者與文章，是一種為聽眾熱心付出的行為，且能夠使人懂得寫作的必要，同時喚醒對書本的了解，使人不再感到晦澀。最後，書本所呈現的視野就變得愈來愈大；而那些自認為能置身於閱讀之外的人群，離書本的鴻溝也跟著變得愈來愈大。

註釋：

1 迪倫湯瑪斯，英國詩人，著有老少咸宜的《一個孩童在威爾斯的耶誕節》。

2 狄更斯，英國小說家，著有《孤雛淚》、《塊肉餘生錄》、《雙城記》等名作。

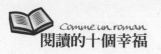

十、我們有權保持沉默的閱讀

人們蓋房子，正因為他們活著必須有地方住；而寫作的目的，正因為他們自覺死亡將要來臨。因為人是群居的動物，所以要住在社區裡；而人因為覺得孤獨，所以才開始閱讀。

閱讀之於人，猶如一個除了自己以外，便沒有別人存在的空間。閱讀對人的命運，沒有提供任何確定的解釋，但卻在生命與人之間，慢慢地解開了原本緊緊糾結如網的許多無奈。

這些細微且神祕的無奈，訴說著生活中令人矛盾的喜悅，同樣也揭露了生命裡變化多端的荒謬。

因此，閱讀的理由就與活著的理由一樣詭異。這內在的世界裡，我們是無法以有形數字去一一算計清楚的。

少數給予我們書本閱讀的大人，通常都是在書本創作上表現非凡的人，而且很執著於要求我們去「了解」這些書本裡頭的東西。當然，本書只是談談我所了解的一些關於閱讀的想法。無論活著或死了的作家，我都要以本書的這些想法，來紀念他們。我想，還是保持沉默比較好吧！

快樂閱讀小祕訣

1 書本與好酒不同，不會自己發酵變得香陳。它只能等在書架上，等人們自覺「夠成熟」，才會再一次打開書本。

2 所有讀者的鑑賞品味，全出自於自然天性的認同！

3 為了讓人們能陶醉其中而書寫的文學，才是精雕細琢的傑作，並且能引導我們也走入需要細細感受品嚐的世界裡。

4 一個讀音清脆悅耳的人，能夠絕對完整地表達自己。